INSTRUCTION

QUE
LE ROI A FAIT EXPÉDIER
POUR
RÉGLER PROVISOIREMENT
L'EXERCICE
DES DRAGONS.

Du 1.er Mai 1767.

A PARIS,
DE L'IMPRIMERIE ROYALE.

M. DCCLXVII.

INSTRUCTION

Que LE ROI a fait expédier pour régler provisoirement l'Exercice de ses Régimens de Dragons.

Du 1.ᵉʳ Mai 1767.

A MAJESTÉ voulant que ses régimens de Dragons soient instruits & exercés sur des principes uniformes, Elle a fait dresser la présente Instruction pour régler provisoirement leurs Exercices & leurs Manœuvres à pied & à cheval; son intention étant que cette Instruction soit ponctuellement suivie jusqu'à ce qu'Elle juge à propos de rendre l'Ordonnance qui l'arrêtera définitivement.

OBLIGATIONS DES OFFICIERS.

Tous les Officiers d'un régiment de Dragons, depuis le Mestre-de-camp jusqu'au Porte-guidon, seront tenus de savoir exécuter généralement tout ce qui a rapport aux différens maniemens des armes & aux manœuvres, tant à pied qu'à cheval, afin de pouvoir en instruire leur troupe.

Il y aura dans chaque place ou quartier où il y aura un régiment de Dragons, un lieu destiné pour un manège couvert, où les Officiers, bas Officiers & Dragons, seront instruits des principes de l'équitation.

Les Officiers & Élèves qui ont été détachés à l'École générale des Dragons, que Sa Majesté a établie, seront chargés de cette Instruction, & ils se conformeront, avec la plus grande exactitude, aux principes d'équitation joints à la présente Instruction.

Le Commandant de chaque Corps donnera ses ordres pour l'arrangement de ce travail ; & pour qu'il en résulte les progrès les plus rapides, il en chargera en chef celui des Officiers qui aura le plus profité à l'École, & dont on lui aura rendu le meilleur compte : cet Officier veillera particulièrement à ce que personne ne s'écarte des principes, & tous les régimens de Dragons se conformeront à ce qui leur sera prescrit à cet égard par les Officiers chargés de la partie de l'équitation, lesquels apporteront tous leurs soins pour concourir à l'uniformité & en général au bien du service.

Les Aides-major ou Sous-aides-major qui ne seront point employés aux instructions d'équitation, seront chargés de veiller à la discipline des Exercices des différens escadrons, & en rendront compte au Major, qui répondra lui-même des Exercices de tout le régiment, au Mestre-de-camp, & en son absence au Lieutenant-colonel.

Sa Majesté attend du zèle desdits Commandans, qu'ils apporteront toute leur attention à cette Instruction, & qu'ils ne souffriront aucune négligence ni dans les Dragons ni même dans les Officiers.

Veut en conséquence Sa Majesté, que les Officiers généraux, chargés de faire les revues d'inspection de ses régimens de Dragons, faſſent, lors deſdites revues, des examens très-exacts des progrès & du travail de chaque Officier en particulier, ou de ſa négligence à cet égard, & qu'ils en rendent compte au Secrétaire d'État ayant le département de la guerre.

Dorénavant aucun ſujet propoſé pour être Officier, à l'exception toutefois de ceux qui auroient précédemment ſervi en ladite qualité, ne pourra être reçu à l'emploi auquel il aura été nommé, qu'après avoir fait le ſervice de Dragon pendant deux mois, celui de Brigadier pendant deux autres mois, & enfin celui de Maréchal-des-logis, auſſi pendant deux mois, ſous la conduite d'un bas Officier : Voulant Sa Majeſté qu'il ſoit tenu de porter les marques diſtinctives de chacun de ces grades.

L'intention de Sa Majeſté eſt, que ce nouveau ſujet ſoit exercé journellement à l'équitation, & qu'il ſe trouve à tous les Exercices particuliers, qu'il monte la garde à ſon tour, ſoit à pied ou à cheval, & qu'il rempliſſe toutes les fonctions de chacun des grades de Dragon, de Brigadier & de Maréchal-des-logis indiſtinctement, à la réſerve des corvées.

Lorſqu'au bout de ces ſix mois, le Commandant & les autres Officiers ſupérieurs du régiment auront jugé ce nouveau ſujet ſuffiſamment inſtruit, ils le feront recevoir à ſon emploi, & en informeront le Secrétaire d'État ayant le département de la guerre.

DES ARMES DES OFFICIERS,
Fourriers, Maréchaux-des-logis, Brigadiers, Dragons & Tambours.

LES Officiers ſeront armés pour le ſervice à pied, d'un fuſil, d'une baïonnette & d'un ſabre, & ſeront armés ſeulement pour le ſervice à cheval, d'une paire de piſtolets & d'un ſabre.

Les Officiers ſupérieurs, Officiers-majors, Quartier-maître

& Porte-guidons, seront de même armés à cheval; mais ils ne porteront ni fufil ni baïonnette, pour le service à pied.

Les Fourriers & Maréchaux-des-logis, seront armés pour le service à pied, d'un fufil, d'une baïonnette & d'un fabre; ils seront armés en outre pour le service à cheval d'une paire de piftolets.

Les Brigadiers, Appointés & Dragons, seront armés pour le service à pied, d'un fufil, d'une baïonnette & d'un fabre; ils seront armés en outre, pour le service à cheval, d'un piftolet qu'ils porteront à la fonte gauche, & dans les cas de néceffité, d'une pelle, pioche, serpe ou hache qu'ils porteront à la place de la fonte droite.

Les Tambours seront armés d'un fabre, & auront de plus un piftolet pour le service à cheval.

Tous les Officiers, bas Officiers & Dragons porteront le fabre à la ceinture, le fabre tombant vers le milieu de la cuiffe, & de manière que le pommeau ne soit pas plus élevé que la croffe du piftolet, afin de pouvoir agir librement de la main de la bride; mais lorfqu'on prendra les armes à pied, les Officiers, bas Officiers & Dragons porteront le fabre à la grenadière, rejetant la garde derrière le dos.

Toutes les parties de l'armement & de l'équipement des Officiers, bas Officiers & Dragons, seront conformes aux modèles qui seront envoyés à chaque régiment, sans y pouvoir rien changer.

Les Officiers seront montés sur des chevaux d'escadron ayant tous leurs crins, de la taille de quatre pieds huit à neuf pouces, & de tournure convenable : il sera permis au Meftre-de-camp, au Lieutenant-colonel, au Major & à tous les Officiers de l'État-major, excepté les Porte-guidons, d'avoir des chevaux à courte queue; mais le Meftre-de-camp, le Lieutenant-colonel & le Major, auront néanmoins un cheval à tous crins pour les revues d'honneur : tous ces chevaux seront signalés sur le contrôle des signalemens de chaque régiment, après avoir été reçus par l'Officier général chargé de l'inspection du régiment, à qui ils seront présentés ; les Commissaires des guerres seront tenus d'en faire mention dans leurs revues, & les Officiers ne pourront s'en défaire qu'avec la permission du Commandant du Corps.

DU SALUT DES OFFICIERS.

Les Officiers ne salueront de leurs armes que les personnes à qui les ordonnances défèrent ces honneurs par leur naissance & leur grade ; ils n'ôteront jamais leur casque à la tête de leur troupe pour saluer qui que ce soit, à l'exception du Saint-Sacrement.

Les bas Officiers ne salueront personne de leurs armes, & n'ôteront leur casque pour qui que ce soit, à l'exception du Saint-Sacrement.

Lorsque les Dragons ne seront point sous les armes, & qu'ils rencontreront dans les rues des Officiers, ils les salueront, sans s'arrêter, en inclinant un peu le haut du corps, & portant la main à la visière du casque.

DU SALUT À CHEVAL.

Les Officiers & bas Officiers mettront le sabre à la main, le porteront & le remettront dans le fourreau, en même temps & de la même manière que les Dragons.

Quand les Officiers devront saluer du sabre, ils le feront en quatre temps, soit de pied-ferme ou en marchant.

Au premier, lorsque la personne qu'on devra saluer sera à quatre pas de distance, on élevera le sabre perpendiculaire la pointe en haut, le tranchant à gauche, tenant la garde vis-à-vis & à un pied de distance de l'épaule droite, le coude un demi-pied plus bas que le poignet.

Au deuxième, on baissera doucement la lame du sabre jusqu'à ce que la pointe se trouve vers l'étrier, & l'on restera dans cette position, jusqu'à ce que la personne qu'on saluera soit éloignée de deux pas.

Au troisième, on relèvera le sabre la pointe en haut, le tenant comme au premier temps.

Au quatrième, on portera le sabre à l'épaule, comme il est prescrit ci-après pour les Dragons.

SALUT DU GUIDON À CHEVAL.

Lorsque les Porte-guidons devront saluer du guidon, ils se porteront au premier rang, & exécuteront ce salut en deux temps :

Au premier, tenant la hampe de la main droite, ils abaisseront la lance fort doucement jusqu'auprès de terre, sans cependant que la cravate la touche.

Au deuxième, ils relèveront doucement la lance perpendiculaire.

DU SALUT À PIED.

Voyez la Table.

Tous les Officiers qui marcheront à la tête d'une troupe, salueront ensemble, réglant leurs mouvemens sur ceux de l'Officier qui sera à la droite ou à la gauche, suivant le côté où sera placée la personne qu'on devra saluer; mais lorsque cette personne passera devant le front de la troupe, chaque Officier la saluera successivement à mesure qu'elle s'approchera de lui, & qu'elle en sera à quatre pas.

DE LA
FORMATION D'UN RÉGIMENT À CHEVAL.

Lorsqu'un régiment de Dragons montera à cheval pour s'exercer, paroître ou combattre, soit par compagnie, par escadron ou régiment, il sera toujours formé sur deux rangs.

Chaque compagnie étant formée en bataille sur deux rangs, sera divisée en deux divisions.

La première division comprendra le demi-rang de la droite, & la seconde division comprendra le demi-rang de la gauche.

Le premier Brigadier sera placé à la droite, & le second à la gauche du premier rang de la première division, l'un ayant le premier Appointé à sa gauche, & l'autre le second Appointé à sa droite.

Le troisième Brigadier sera placé à la droite, & le quatrième à la gauche du premier rang de la seconde division, l'un ayant le troisième Appointé à sa gauche, & l'autre le quatrième Appointé à sa droite.

Le cinquième Brigadier sera placé à la droite, & le sixième à la gauche du second rang de la première division, l'un ayant le cinquième Appointé à sa gauche, & l'autre le sixième Appointé à sa droite.

Le septième Brigadier sera placé à la droite, & le huitième à la gauche du second rang de la seconde division, l'un ayant le septième Appointé à sa gauche, & l'autre le huitième Appointé à sa droite.

Le premier Maréchal-des-logis sera placé à la droite du premier rang de la première division, le second Maréchal-des-logis sera placé à la gauche du premier rang de la seconde division, le troisième Maréchal-des-logis sera placé à la droite du second rang de la première division, & le quatrième à la gauche du second rang de la seconde division.

Le reste des files de chaque division sera composé, au premier rang, des Dragons les plus élevés, eu égard cependant à leur ancienneté & à leur intelligence ; & au second rang, de ceux qui le seront le moins ; ayant encore attention de placer au premier rang, & principalement sur les ailes, les chevaux qui y seront les plus propres.

On suivra le même ordre pour la formation de toutes les compagnies, sans aucune exception.

Les huit compagnies dont est composé aujourd'hui un régiment, formeront quatre escadrons.

La première & la cinquième compagnie formeront le premier escadron qui sera placé à la droite.

La seconde & la sixième compagnie formeront le second escadron qui sera placé à la gauche du premier.

La troisième & la septième compagnie formeront le troisième escadron qui sera placé à la gauche du second.

La quatrième & la huitième compagnie formeront le quatrième escadron qui sera placé à la gauche du troisième.

Les première, seconde, troisième & quatrième compagnies, seront toutes également placées à la droite de leur escadron, sans aucune inversion.

Lorsque les compagnies formeront l'escadron, on distinguera les quatre divisions dont il sera composé, par première, seconde, troisième & quatrième divisions, commençant à la droite de l'escadron, & finissant par la gauche.

Le Mestre-de-camp, le Lieutenant-colonel & le Major se placeront à la tête du premier escadron, le Lieutenant-colonel à la droite & le Major à la gauche du Mestre-de-camp, ayant la croupe de leurs chevaux à deux pas en avant de l'alignement des Officiers de cet escadron; bien entendu qu'ils pourront se porter par-tout où le bien du service l'exigera.

Lorsque le Mestre-de-camp & le Lieutenant-colonel jugeront à propos de prendre le commandement d'un escadron, ils se placeront chacun à la droite du Capitaine qui sera à la tête de l'escadron dont ils prendront le commandement.

Le Major devant veiller à toutes les manœuvres, & se porter par-tout où le bien du service l'exige, ne prendra jamais le commandement particulier d'un escadron ou d'une troupe.

Le

Le plus ancien des deux Capitaines, attachés à chaque
escadron, se placera à la tête de son escadron, ayant la
croupe de son cheval à un pas en avant du centre du
premier rang, & le moins ancien se placera en serre-
file, derrière le centre de l'escadron, ayant la tête de son
cheval à deux pas de distance du dernier rang.

Dans le cas où l'un des Commandans d'escadron se
trouveroit absent ou blessé, le second Capitaine de l'escadron en prendroit aussitôt le commandement.

Mais lorsque le commandement d'un escadron vaquera
par mort, il appartiendra au plus ancien des quatre derniers
Capitaines sactionnaires, qu'on fera passer à cet escadron
avec sa compagnie, à la première occasion où le régiment
montera à cheval.

Le Lieutenant de la première compagnie de chaque
escadron, se placera à la droite du premier rang de sa
compagnie & sur le même alignement, le Sous-lieutenant
se placera à la droite du second rang derrière le Lieutenant, & le Fourrier sera placé en serre-file derrière le
centre de la compagnie, ayant la tête de son cheval à
un pas de distance du dernier rang.

Quant à la seconde compagnie de chaque escadron,
elle sera formée de même, avec cette différence que le
Lieutenant se placera à la gauche du premier rang de sa
compagnie & sur le même alignement, le Sous-lieutenant
à la gauche du second rang derrière le Lieutenant, & le
Fourrier, comme il vient d'être dit, en serre-file derrière
le centre de la compagnie.

Le premier Aide-major se placera à la droite du premier
escadron, sur l'alignement du premier rang; le second
Aide-major à la droite du second escadron, sur le même
alignement; le premier Sous-aide-major à la droite du
troisième escadron, & le second Sous-aide-major à la
droite du quatrième escadron : bien entendu que ces Officiers pourront vaquer où le bien du service l'exigera.

Chacun des Porte-guidons sera placé dans le second

rang de la première compagnie de l'escadron, à la troisième file de la gauche de la seconde division, entre le Brigadier & l'Appointé.

Dans le cas où il se trouveroit des Officiers ou bas Officiers absens, ils seroient remplacés par le grade intérieur de la même compagnie; mais lorsque le Capitaine de serre-file d'un escadron prendra (en l'absence du premier Capitaine) le commandement de l'escadron, il sera remplacé successivement (soit en serre-file, soit dans le commandement) par les plus anciens Lieutenans de l'escadron, & ceux-ci par les Sous-lieutenans.

Lorsque l'un des Porte-guidons sera absent, il sera remplacé par le premier Maréchal-des-logis de la première compagnie de l'escadron où il manquera.

Lorsqu'enfin le Fourrier d'une compagnie se trouvera absent, le premier Maréchal-des-logis de la même compagnie occupera sa place, & ainsi de suite.

Les deux Tambours de chaque escadron seront placés à la droite de leur escadron, sur l'alignement du premier rang, ou si le Commandant juge à propos de les faire marcher à la tête du régiment, ils se réuniront tous à la droite du premier escadron, où ils se formeront sur deux rangs.

Dans les cas de parade & d'assemblée du régiment, les Officiers se placeront à la tête de leurs compagnie & division, tous sur le même alignement, & les Officiers-majors à la droite de leur escadron, aussi sur l'alignement des Officiers.

Les quatre Dragons, dont les Porte-guidons occuperont la place dans les rangs, seront placés à la droite du premier escadron, ainsi que les Dragons qui se trouveront surnuméraires de quelques compagnies, après que les divisions auront été égalisées : cette troupe sera sous les ordres du Quartier-maître, & le Commandant en disposera comme il le jugera à propos, soit pour former l'avant-garde ou être employés à tout autre objet.

Si au contraire ces quatre Dragons se trouvoient nécessaires pour compléter quelques divisions, le Commandant les y feroit passer.

La distance entre les rangs ouverts sera de quatre grands pas, c'est-à-dire de douze pieds depuis la croupe du cheval de devant jusqu'à la tête de celui qui le suit, & elle ne sera que d'un pied environ lorsque les rangs devront être serrés.

L'intervalle ordinaire d'un escadron à l'autre, sera de la moitié du front d'un escadron, il ne sera pas plus considérable d'un régiment à un autre ; mais les escadrons qui seront en seconde ou troisième ligne, conserveront au moins un intervalle égal à leur front.

PLACES DES OFFICIERS
dans la Marche en colonne.

LORSQUE les escadrons se rompront pour marcher en colonne par compagnies , & se rendre sur le terrain de l'exercice, le Capitaine, le Lieutenant & le Sous-lieutenant de chaque compagnie, marcheront à la tête de leur compagnie, le Lieutenant à la droite & le Sous-lieutenant à la gauche du Capitaine; & le Fourrier marchera en serre-file derrière la compagnie.

Lorsque les compagnies se rompront par division , le Capitaine & le Lieutenant de chaque compagnie marcheront à la tête de leur compagnie, le Sous-lieutenant marchera à la tête de la seconde division, & le Fourrier de la première compagnie de chaque escadron, marchera sur le flanc droit de la seconde division , & le Fourrier de la seconde compagnie de l'escadron , ainsi qu'il vient d'être prescrit, en serre-file, derrière sa compagnie.

Lorsqu'ensuite les divisions se rompront par quatre, par deux, & qu'elles défileront, les Officiers marcheront dans le même ordre à la tête de leur division.

Dans l'un & l'autre cas , l'Officier - major attaché à

chaque efcadron , marchera fur le flanc de fon efcadron , & n'aura aucune place fixe.

Les Tambours refteront à la droite de leur efcadron toutes les fois qu'il ne fera rompu que par compagnie ; mais s'il eft rompu par divifion , &c. ils formeront une divifion particulière qui marchera à la tête de l'efcadron.

Lorfqu'après avoir marché en colonne , par divifion ou compagnie , on formera les efcadrons en avant , ou le régiment en bataille , les Officiers continueront de marcher à la tête de leur troupe , jufqu'à ce que le Commandant leur ait fait l'avertiffement de prendre leurs places de bataille ; alors ils fe placeront ainfi qu'il eft prefcrit pour la formation des efcadrons , & ne marcheront à la tête de leur divifion que lorfqu'elles fe rompront ; favoir , lorfqu'on fera des demi-converfions par compagnie , le Capitaine de ferre-file de chaque efcadron , ira fe placer en ferre-file derrière l'efcadron ; fi au contraire on ne fait qu'un *quart de converfion* par compagnie , il reftera fur le flanc de l'efcadron ; mais fi l'on doit marcher en colonne , il marchera à la tête de fa compagnie.

Lorfqu'on fera des *demi - converfions* par divifion , le Capitaine & les Fourriers de ferre - file de chaque efcadron , feront chacun *demi - tour à droite* pour marcher à la tête de l'efcadron , & le Commandant d'efcadron marchera en ferre - file ; fi au contraire on ne fait qu'un *quart de converfion* par divifion , le Capitaine & les Fourriers de ferre - file refteront fur le flanc des divifions ; mais fi l'on doit marcher en colonne , tous les Officiers & Fourriers marcheront (comme il a été prefcrit ci-devant) à la tête de leur divifion , & fe replaceront dans les rangs & en ferre-file à mefure qu'on reformera les compagnies & les efcadrons.

DES BATTERIES DE TAMBOURS
pour assembler un Régiment, soit à pied, ou à cheval.

Lorsque tous les Dragons & toutes les Troupes d'une garnison, d'un quartier ou d'un camp, devront monter à cheval & prendre les armes à pied, tous les Tambours battront la *générale*, auquel signal on sellera, & le Dragon tiendra son équipage prêt à charger, mais s'il n'y a qu'un régiment ou un escadron qui doive monter à cheval ou prendre les armes à pied, les Tambours de ce régiment rappelleront devant leur quartier.

Lorsqu'on battra l'*assemblée*, on bridera les chevaux, & si l'on doit partir d'un camp, on détendra les tentes & on les chargera.

Lorsqu'on battra *à cheval*, toutes les compagnies se rassembleront pour se former ensemble en bataille, soit à la tête du camp, soit au quartier d'assemblée de chaque régiment en garnison ou en quartier.

Lorsqu'on battra ensuite *la marche*, on se mettra en mouvement.

En cas d'alerte ou de surprise, où il sera nécessaire de monter à cheval avec la plus grande célérité pour se mettre promptement en état de défense, on battra *aux armes* au lieu de *la générale*.

DE L'ASSEMBLÉE
D'UN RÉGIMENT À CHEVAL.

Lorsqu'on battra l'*assemblée*, les Dragons brideront leurs chevaux (& si l'on doit partir, ils les chargeront), & chaque Brigadier se rendra avec les Dragons de sa chambrée, au rendez-vous de la compagnie, où se trouveront les Maréchaux-des-logis & le Fourrier, pour former les divisions sur deux rangs ouverts, en faire l'appel & examiner s'il ne manque rien aux hommes ni aux chevaux, ainsi qu'aux différentes parties de l'armement, de l'habillement, de l'équipement & de l'harnachement.

Les Officiers se trouveront pareillement au rendez-vous de leur compagnie immédiatement après l'*assemblée*; & le Commandant de la compagnie, après s'être fait rendre compte par le Fourrier, s'il n'y manque personne, fera les commandemens nécessaires pour faire monter les Dragons à cheval (s'ils n'y sont pas déjà), après quoi, il passera par-devant & par-derrière les rangs, de même que le Lieutenant & le Sous-lieutenant pour examiner si les Dragons sont bien tenus, si les chevaux sont bien harnachés, & s'il ne manque rien en tout point ni aux hommes ni aux chevaux.

Si le Capitaine juge nécessaire de faire l'inspection des armes, il fera les commandemens prescrits ci-après pour l'inspection; si au contraire il ne le juge pas à propos, il conduira sa compagnie au quartier d'assemblée du régiment.

Toutes les fois qu'un régiment sera en route ou qu'il partira d'un camp, on ne fera monter les Dragons à cheval qu'au moment où l'on battra *à cheval*, & on ne fera point les commandemens de l'inspection.

Lorsqu'un régiment sera campé, les Dragons s'assembleront dans les rues du camp pour y monter à cheval, la première compagnie de chaque escadron se formera (ainsi qu'il vient d'être dit) sur deux rangs, le dos tourné à son piquet, & la seconde compagnie se formera à sa gauche, sur le même alignement, faisant face à son piquet; ces deux compagnies laisseront un petit intervalle entre elles pour le moment d'une première inspection seulement.

Lorsque les escadrons seront prêts à marcher, le Commandant fera les commandemens nécessaires pour que chaque escadron se rompe à droite par division, &c. pour se former à la tête du camp; mais lorsque les rues seront trop étroites ou trop embarrassées de fumier, on se formera tout de suite à la tête du camp.

DE L'INSPECTION À CHEVAL.

1.

Prenez garde à vous.

2.

Preparez-vous pour l'inspection.

A ce commandement, les Dragons dégageront le fusil, feront *haut le fusil*, passeront le fusil à gauche, mettront la baïonnette au bout du canon & mettront la baguette dans le canon, plaçant ensuite la main droite au bout du canon.

Ces mouvemens étant exécutés, le Capitaine parcourra le front de chaque rang pour examiner les fusils & voir s'ils sont chargés ou non.

Dès que l'Officier aura dépassé de deux hommes le Dragon qui aura été inspecté, celui-ci, sans attendre de commandement, remettra la baguette, & ensuite la baïonnette en son lieu, fera *haut le fusil*, remettra le fusil en son lieu, prendra le pistolet & mettra la baguette dans le canon.

Le Capitaine ayant fait l'inspection du fusil, parcourra encore une fois le front de chaque rang pour faire celle du pistolet; & dès qu'il sera passé, le Dragon remettra la baguette en son lieu, remettra le pistolet, mettra ensuite le sabre à la main & le portera à l'épaule.

Le Capitaine parcourra alors le front & la queue de sa compagnie pour en faire un dernier examen, & voir toutes les parties de l'habillement & de l'harnachement, entrant à cet égard dans tous les détails prescrits ci-devant pour l'assemblée des compagnies, & ne négligeant rien de tout ce qui peut avoir rapport à la tenue & à la conservation de sa troupe.

A mesure que le Capitaine s'arrêtera devant chaque Dragon, ledit Dragon présentera le sabre en trois temps:

> Au premier, il le portera en avant, le bras demi-tendu, la coquille à hauteur & à un pied de distance de la cravate, le sabre perpendiculaire, le plat de la lame en avant, le tranchant à gauche, & le pouce alongé sur le côté droit de la poignée, observant de repasser le petit doigt sur la poignée toutes les fois qu'on détachera le sabre de l'épaule.

> Au deuxième, il tournera le poignet en dehors pour présenter l'autre côté de la lame, le tranchant à droite.

> Au troisième, dès que l'Officier sera passé, le Dragon portera le sabre à l'épaule en retournant le poignet en dedans.

Le Capitaine ayant fait ce dernier examen, commandera:

3.

Remettez le sabre.

EN deux temps:

> Au premier, détachant le sabre de l'épaule, on l'élevera perpendiculaire la pointe en haut, la coquille à hauteur & à un pied de distance de la cravate, comme il vient d'être prescrit.

> Au deuxième, on baissera la lame de manière qu'elle passe en croix le long du bras gauche, la pointe derrière, on la remettra dans le fourreau par-dessus la main gauche, sans alonger les rênes, autant qu'il sera possible, & tournant ensuite la tête à droite, on reportera la main droite sur le côté.

4.

Ajustez vos rênes.

EN deux temps:

> Au premier, on les prendra au-dessus, & tout près de la main gauche, avec le pouce & le premier doigt de la main droite, le pouce en dedans, on coulera ces deux doigts fort doucement jusqu'au bouton, qu'on élevera perpendiculairement devant soi, au-dessus de la main gauche, dont on ouvrira un peu les doigts pour laisser couler les rênes, la main droite s'élevant en même temps plus haute d'un demi-pied que le coude.

Au

Au deuxième, se réglant sur la droite, on abattra vivement les rênes, en replaçant la main droite sur la cuisse.

L'inspection étant finie, si la compagnie doit être exercée au feu, le Fourrier distribuera des cartouches à poudre.

Si le Capitaine veut ensuite faire charger les armes, il fera l'avertissement, *prenez garde à vous*, & commandera ensuite :

Chargez vos armes.

A ce commandement, les Dragons dégageront le fusil, feront *haut le fusil*, ensuite arme platte, ils ouvriront le bassinet, prendront la cartouche & chargeront le fusil, & ensuite le pistolet, sans autre commandement.

Si on ne veut faire charger que le pistolet, on commandera, *chargez le pistolet*.

L'inspection étant finie, le Capitaine fera serrer les rangs & fera compter sa compagnie par deux, commençant en même temps par la droite de chaque rang ; après quoi (les Officiers s'étant placés à la tête de leur division) il fera les commandemens nécessaires pour faire rompre sa compagnie & la mettre en marche sur un front proportionné au terrain qu'il devra parcourir pour se rendre au quartier d'assemblée du régiment, où en arrivant il placera sa compagnie dans le rang qu'elle devra tenir dans l'ordre de bataille du régiment ; alors le Major & les Officiers-majors qui auront dû se rendre d'avance au lieu d'assemblée, parcourront le front & la queue du régiment pour en compléter les files & égaliser, autant qu'il sera possible, toutes les divisions.

Le Mestre-de-camp ou autre Commandant du corps se trouvera au lieu d'assemblée, le plus tôt possible, & il en fera faire une inspection générale par les Officiers-majors, s'il le juge à propos.

DU DÉTACHEMENT
QUI DEVRA ALLER CHERCHER LES GUIDONS.

LORSQU'APRÈS l'arrivée de toutes les compagnies au lieu de l'assemblée du régiment, on enverra chercher les guidons; le Commandant ordonnera aux Porte-guidons d'aller se placer, sur un seul rang, à vingt pas en avant de la division qui devra former l'escorte des guidons, les Tambours iront en même temps se placer à la droite des Porte-guidons, ayant à leur droite le Quartier-maître avec les quatre Dragons dont il a été fait mention ci-devant à l'article de la formation; alors le Lieutenant ou Sous-lieutenant commandant cette division, lui fera les commandemens nécessaires pour la faire rompre par deux ou par quatre, & mettre cette troupe en marche dans l'ordre suivant :

Le Quartier-maître.
Les quatre Dragons d'avant-garde.
Les Tambours.
Quatre Dragons.
Les Porte-guidons.
Le Commandant du détachement, suivi de sa troupe, & un Maréchal-des-logis en serre-file.

Le Commandant du régiment fera accompagner ce détachement par un Officier-major, s'il le juge à propos.

Cette troupe marchera dans cet ordre & sans battre, jusqu'à l'endroit où seront les guidons; & dès qu'elle y sera arrivée, le Commandant du détachement la fera former sur un rang, ou la laissera en colonne s'il le juge à propos, les Porte-guidons prendront ensuite les guidons; alors le Commandant de la troupe fera les commandemens nécessaires pour faire mettre le sabre à la main (à l'exception des quatre Dragons qui feront l'avant-garde, lesquels auront le fusil haut), & il conduira les guidons au régiment dans le même ordre qu'il aura été les chercher, les Tambours battant le drapeau.

A l'approche des guidons, le Commandant du régiment fera mettre le sabre à la main ; les guidons passeront devant tout le front du régiment & reviendront ensuite par-derrière, suivis de leur escorte, pour prendre chacun la place qui leur est indiquée ci-dessus à la formation ; la division qui les aura escortés ira ensuite reprendre sa place, ainsi que le Quartier-maître & les quatre Dragons d'avant-garde, qui iront se replacer à la droite du premier escadron, les Tambours iront de même reprendre leur place, ainsi qu'il est prescrit à la formation.

Si les guidons étoient trop éloignés du lieu d'assemblée du régiment, le Commandant avant de le faire monter à cheval, feroit assembler les Porte-guidons & la division qui devroit les escorter, ainsi que les Tambours, pour aller chercher les guidons, après quoi il feroit assembler le régiment pour les recevoir.

Dans les camps, lorsqu'un régiment devra monter à cheval, les Porte-guidons prendront simplement les guidons, & iront occuper leur place.

Dès que les Porte-guidons & leur escorte auront pris leur place, le Commandant fera serrer les rangs s'ils sont ouverts, & fera rompre le régiment pour le mettre en marche & se rendre sur le terrain destiné aux exercices.

Le régiment étant arrivé sur le terrain où il devra se mettre en bataille pour s'exercer ou pour quelqu'autre cause que ce soit, le Commandant fera les commandemens nécessaires pour le former en bataille, soit en avant sur la droite ou sur la gauche, &c.

Si le régiment doit être vu en parade en bataille, le Commandant fera ouvrir les rangs.

Si au contraire le régiment doit être exercé tout de suite aux manœuvres, le Commandant se portera seul à trente pas environ en avant du front pour lui faire les commandemens ; mais avant de faire exécuter aucune manœuvre, il avertira les Officiers de se rendre à leur place de bataille : cet avertissement fera suivi d'un *roulement*, après lequel les Officiers se placeront sur les flancs des escadrons & en serre-file, ainsi qu'il est prescrit ci-devant.

Soit que le régiment s'exerce à pied ou à cheval, le Mestre-de-camp, le Lieutenant-colonel, le Major ou tout autre Officier qui se trouvera commander le régiment, un escadron ou toute autre troupe, lui commandera lui-même le maniement des armes & les manœuvres, sans charger de ce soin les Officiers-majors.

Le Commandant du corps pourra cependant nommer quand il le jugera à propos, un Officier pour commander à sa place, afin de s'assurer si tous les Officiers sont en état de commander.

DU MANIEMENT DES ARMES
À CHEVAL.

LE maniement des armes à cheval n'étant nécessaire aux régimens de Dragons que pour apprendre aux Dragons à manier & à charger leurs armes à cheval, sera compris comme exercice de détail, & ne se fera jamais en plus grand nombre que par une compagnie ou un escadron au plus, jusqu'à ce que les Dragons en soient suffisamment instruits; mais toutes les fois qu'un régiment sera assemblé, on n'exécutera d'autres temps ni commandemens que ceux qui seront prescrits ci-après pour aller à la charge.

On observera dans le maniement des armes à cheval, de mettre deux secondes entre l'exécution de chaque temps des commandemens qui en auront plusieurs; & celui qui commandera le maniement des armes, mettra quatre secondes de repos entre la fin d'un commandement & le commencement du suivant.

Quant à l'exécution des mouvemens, on aura attention à ce que les Dragons les brusquent tous, & qu'à la fin de chaque temps il y ait une cessation totale de mouvement.

Lorsqu'un Dragon fera tomber sa baguette ou son

chapeau,

chapeau, en quelque temps de l'exercice que ce soit, il
ne le ramassera point, & il attendra que le Commandant
de la troupe ordonne à un Maréchal-des-logis ou autre
de le faire.

COMMANDEMENS POUR LE MANIEMENT
DES ARMES À CHEVAL.

*Prenez garde à vous pour le maniement des
armes.*

PREMIER COMMANDEMENT.

Ajustez vos rênes.

EN deux temps :

> Comme au quatrième commandement de l'inspection.

2.

Dégagez vos armes.

EN un temps :

> Passant le bras droit par-dessous le canon, on débouclera
> la courroie du porte-canon, & on saisira ensuite avec la
> main droite le fusil au-dessous & contre la capucine, on le
> poussera en avant en se réglant sur la droite, & on le tiendra
> perpendiculaire sur le porte-crosse.

3.

Haut les armes.

EN un temps :

> On élèvera le fusil pour porter la crosse sur la cuisse, le
> bout haut & en avant au-dessus de l'oreille droite du cheval,
> le pouce sur le canon, la sous-garde en avant.

4.

Apprêtez vos armes.

EN un temps :

> On baissera le fusil sur la main gauche, qui le saisira
> (sans quitter les rênes) vers la capucine, & on coulera en

même temps la main droite au chien pour armer le fusil; après quoi on la placera à la poignée, observant que la crosse reste toujours appuyée sur la cuisse.

5.

En joue.

EN un temps :

On élèvera le fusil horizontalement pour porter la crosse à l'épaule droite, plaçant en même temps le premier doigt sur la détente, sans quitter les rênes de la main gauche.

6.

Feu.

EN un temps :

On appuiera le premier doigt sur la détente, sans baisser la tête ni faire aucun mouvement, & aussitôt après, on ramènera le fusil horizontalement ou armes plates sur la main gauche, qui se rapprochera de la platine, le pouce le long du bois, le pouce droit sur le chien, & le premier doigt sur la détente.

7.

Chien en son repos.

EN un temps :

On relèvera le chien avec le pouce jusqu'à ce qu'il s'arrête dans le premier cran, laissant la main droite à cette position.

8.

La cartouche.

EN trois temps :

Au premier, on portera la main droite à la giberne pour en tirer la cartouche.

Au deuxième, on portera la cartouche à la bouche pour la déchirer avec les dents.

Au troisième, on la portera au bassinet pour amorce, & on placera ensuite les trois derniers doigts derrière la batterie, tenant la cartouche droite entre le pouce & le premier doigt.

9.

Fermez le baffinet.

EN un temps :

On fermera le baffinet, & on reportera la main droite
derrière la platine, faififfant la poignée entre les deux
derniers doigts & la paume de la main.

10.

Armes à gauche.

EN deux temps :

Au premier, on paffera la croffe à gauche entre les rênes
& le corps, la platine en deffus, coulant la main gauche
jufqu'à l'anneau de la grenadiere, fans quitter les rênes,
ni pencher la cartouche, plaçant la croffe vers la pointe
de l'épaule du cheval.

Au deuxième, on mettra la cartouche dans le canon,
& on faifira la baguette avec le pouce alongé & le premier
doigt ployé, le coude près du corps.

11.

Bourrez.

EN fix temps :

Au premier, on fortira la baguette à moitié hors des
tenons, en alongeant le bras droit de toute fa longueur
& coulant enfuite la main près du bout du canon, on
contiendra la baguette entre le pouce & les quatre doigts
alongés, le plat de la main en avant.

Au deuxième, on achèvera de la tirer, la faifant tourner
le bras droit tendu pour porter le gros bout à l'orifice du
canon & la faire entrer d'environ un pouce.

Au troifième, on chaffera la baguette dans le canon,
& on la faifira avec le pouce & le premier doigt à un
pouce du petit bout, après qu'elle aura rebondie.

Au quatrième, on la fortira du canon jufqu'à moitié de
fa longueur, & on la faifira près du bout du canon, entre
le pouce & les quatre doigts alongés, le plat de la main
en avant.

Au cinquième, on achèvera de la fortir du canon, &

l'ayant fait tourner le bras droit tendu , on portera le petit bout à l'entrée du premier porte-baguette , & on la fera couler dans les tenons , jusqu'à ce que le gros bout ne dépasse plus que de six pouces le bout du canon , & on placera le milieu du petit doigt sur le gros bout, de baguette , la main demi-fermée.

Au sixième, on l'enfoncera d'un seul coup , & on replacera la main droite au bout du canon , à hauteur du bois.

1 2.

Haut les armes.

EN deux temps :

Au premier , on élèvera le fusil de la main gauche, portant la main droite à la capucine.

Au deuxième , le quittant de la main gauche en la portant un peu en avant , on élèvera le fusil de la main droite passant la crosse entre les rênes & le corps pour la porter sur la cuisse, le bout haut & en avant , au-dessus de l'oreille droite du cheval, le pouce sur le canon , la sous-garde en avant.

1 3.

Armes à la grenadière.

EN deux temps :

Au premier, tenant le fusil à la capucine , on l'élèvera en travers au-dessus de la tête, la platine en-dessus & le bout un peu haut ; on passera tout de suite la tête & le bras droit entre la grenadière & le fusil , qu'on laissera tomber à droite , la main droite se plaçant sur la crosse.

Au deuxième , on poussera la crosse en arrière & on replacera la main sur la cuisse.

1 4.

Pistolet à la main.

EN un temps :

On prendra de la main droite par-dessus les rênes , le pistolet à la crosse , on le tirera de la fonte & on le portera sur la main gauche , dont on l'empoignera , le bout un peu élevé

élevé vers l'oreille gauche du cheval, le pouce sur le canon, on placera le pouce de la main droite sur le chien & le premier doigt sur la partie supérieure de la sous-garde.

15.

Apprêtez le pistolet.

EN deux temps :

On armera le pistolet avec le pouce, le tenant toujours de la main gauche.

Au deuxième, on élèvera le bout en haut, le poignet à la hauteur de l'épaule droite, & à un demi-pied de distance, la sous-garde en avant.

16.

En joue.

EN un temps :

En alongeant doucement le bras en avant, on passera le premier doigt sur la détente, tenant la sous - garde en dessous, mais inclinée un peu à droite, le bout du pistolet directement devant soi, & un peu plus bas que le poignet.

17.

Feu.

EN deux temps :

Au premier, on appuiera le premier doigt sur la dé-tente, sans faire aucun mouvement de tête : & aussitôt après, on reportera le pistolet sur la main gauche, dont on le saisira près de la partie supérieure de la platine, le pouce le long du bois; on relèvera le chien avec le pouce de la main droite, pour le mettre en son repos, & on fermera la batterie avec les **deux** premiers doigts.

Au deuxième, on remettra le pistolet dans la fonte & on reportera la main droite sur la cuisse.

18.

Dégagez le sabre.

EN un temps :

On portera la main droite par-dessus les rênes en regardant à gauche, on passera le poignet dans le cordon,

& on prendra le sabre à la poignée pour dégager la lame d'environ quatre doigts du fourreau.

19.

Sabre à la main.

EN un temps :

On tirera vivement le sabre pour le porter à l'épaule droite le dos de la lame appuyé contre l'épaule, le poignet un peu plus bas que la main gauche, laissant échapper le petit doigt derrière la poignée, & on retournera la tête à droite.

20.

Haut le sabre.

EN un temps :

Passant le petit doigt sur la poignée, on élèvera le sabre le bras demi-tendu, le poignet perpendiculaire sur l'épaule droite & un peu plus élevé que la tête, le tranchant de la lame en l'air, la pointe derrière, mais inclinée un peu à gauche, & plus élevée d'un pied environ que le poignet.

21.

Portez le sabre.

EN un temps :

On le portera à l'épaule droite comme il a été prescrit ci-devant, le petit doigt se replaçant derrière la poignée.

22.

Remettez le sabre.

EN deux temps :

Comme au troisième commandement de l'inspection à cheval.

23.

Haut les armes.

EN deux temps :

Au premier, on portera la main droite sur la crosse.

Au deuxième, on la poussera en avant, pour passer tout

de suite le bras droit entre le corps & le fufil qu'on faifira par-deffous à la capucine, on le paffera en travers par-deffus la tête & on portera la croffe fur la cuiffe, le bout du fufil haut & en avant, au-deffus de l'oreille droite du cheval, le pouce fur le canon.

24.

L'arme en fon lieu.

EN un temps :

On mettra la croffe du fufil dans le porte-croffe, le contenant par la grenadière avec la main gauche, fans quitter les rênes, & foutenant le fufil fur le bras droit, on prendra de la main droite la courroie du porte-canon, qu'on bouclera pour y engager le fufil & la grenadière, après quoi on repaffera le bras droit par-deffus le fufil.

25.

Ajuftez vos rênes.

EN deux temps :

Comme au quatrième commandement de l'infpection à cheval.

PRINCIPES GÉNÉRAUX
POUR LES MANŒUVRES.

POUR faire manœuvrer une troupe, il faut être inftruit des principes généraux fur lefquels les manœuvres doivent être réglées.

Un rang eft formé de plufieurs hommes à côté les uns des autres.

Une file eft formée de plufieurs hommes, les uns derrière les autres.

Un régiment en bataille eft formé de tous fes efcadrons à côté les uns des autres.

Un régiment en colonne, eft formé de tous fes efca-drons, compagnies, divifions, &c. les uns derrière les autres.

Intervalle, est l'espace vide qui se trouve entre les escadrons d'un régiment formé en bataille; lorsque les intervalles sont égaux au front des escadrons, on dit alors que le régiment est formé dans un ordre de bataille, tant plein que vide; mais lorsqu'il n'y a aucun intervalle entre les escadrons, l'ordre de bataille est plein ou (ce qui est la même chose) en muraille.

Un régiment formé en bataille par la gauche, est celui dont les premiers escadrons se trouvent placés à la gauche de la ligne, & les derniers à la droite.

Distance est l'espace vide qu'il doit y avoir entre chaque troupe d'une colonne.

Colonne renversée est celle dont les dernières troupes de la colonne se trouvent en avoir la tête.

Pour connoître le front d'une troupe & en évaluer la profondeur, il est nécssaire de savoir que chaque cheval monté, occupe en épaisseur le tiers de sa longueur; cette épaisseur est un peu moins de trois pieds, mais pour éviter les fractions, & arriver au même but par un calcul plus aisé, on la suppose à trois pieds ou à un grand pas; par conséquent, une troupe de douze hommes de front occupe douze pas de front, & les deux rangs occupent six pas de profondeur, sur lesquels il se trouve l'espace nécessaire d'un rang à l'autre pour que le second rang puisse marcher sans donner d'atteinte au premier.

Les hommes d'un même rang doivent être alignés de manière que les fontes ou le pommeau des selles soient sur la même ligne & assez près les uns des autres pour que les bottes se touchent sans se presser

Chaque Dragon, pour être bien aligné, ne doit point voir le rang ni par-devant ni par-derrière, il ne doit voir que son voisin de la droite lorsqu'on s'aligne à droite, ou son voisin de la gauche quand on s'aligne à gauche, il doit donner un coup d'œil sur la fonte de son voisin sans porter le corps en avant pour voir le rang, les fontes étant bien alignées, les rangs le seront aussi.

Les

Les Dragons du fecond rang doivent avoir de plus l'attention d'être fur la direction de leur chef-de-file.

Toute divifion deftinée à manœuvrer, doit avoir plus ou moins de front relativement à la quantité de rangs dont elle eft compofée, favoir, lorfqu'une troupe n'eft formée que fur un rang, elle peut fe mouvoir circulairement par divifions de quatre hommes, & le feroit difficilement par divifions de trois.

Lorfqu'une troupe eft formée fur deux rangs, les divifions doivent avoir de même un front plus étendu que n'eft la profondeur des rangs, pour pouvoir fe mouvoir circulairement, quoiqu'à la rigueur il foit poffible de le faire fur un front égal à la profondeur (c'eft-à-dire, fur fix hommes de front), mais il faut avoir égard à la ligne diagonale qui part du pivot du premier rang, & qui fe termine au Dragon de l'aile oppofée du fecond rang, laquelle excède plus ou moins le front de la troupe, fuivant que ce même front eft plus petit ou plus grand; c'eft pourquoi, plus les divifions auront de front, moins la diagonale fera fenfible, & plus il y aura de célérité pour le déboîtement.

La diftance entre les rangs ouverts à cheval, fera de quatre grands pas ou de douze pieds, & lorfque les rangs feront ferrés il n'y aura qu'un pied environ de diftance d'un rang à l'autre, l'on a déjà ci-devant donné des règles là-deffus.

L'intervalle ordinaire d'un efcadron à l'autre, ne fera que de la moitié du front d'un efcadron, il ne fera pas plus confidérable d'un régiment à un autre; plus les intervalles feront petits, & moins les flancs des efcadrons feront expofés, c'eft pourquoi on pourra varier fur cette règle, relativement aux circonftances, & même les former en muraille fi le cas l'exige.

Les efcadrons qui feront en feconde ou troifième ligne, conferveront au moins un intervalle égal à leur front, afin que dans les mouvemens rétrogrades les efcadrons de la première ligne, puissent passer aisément de front dans les intervalles de la seconde.

Lorsqu'on voudra faire manœuvrer une troupe, on fera mettre le fusil à la grenadière.

Chaque commandement pour faire mouvoir une troupe, sera précédé de cet avertissement, *prenez garde à vous*, qui servira de signal aux Dragons pour rassembler leurs chevaux & prêter la plus grande attention.

Ils se mettront en mouvement au mot *marche*, & s'arrêteront au mot *halte*.

Lorsqu'on commandera un quart ou une demi-conversion à une troupe qui sera de pied-ferme, dès que la troupe ou que chaque division de cette troupe aura achevé son mouvement, elle fera *halte* sans commandement, & ne se portera ensuite en avant qu'au mot *marche*; mais lorsqu'on commandera l'un de ces mouvemens à une troupe qui sera en marche, la troupe ou chaque division de cette troupe après l'avoir exécuté, continuera de se porter en avant, & ne s'arrêtera qu'au mot *halte*.

Soit qu'une troupe marche au *pas* ou au *trot*, lorsqu'on commandera un quart ou une demi-conversion par division, l'aile qui devra tourner, exécutera son mouvement du même degré de vîtesse dont la troupe alloit précédemment & sans l'augmenter, afin que chaque division arrive en même temps; mais lorsqu'on voudra accélérer ce mouvement, le Commandant fera l'avertissement *au trot* ou *au galop* avant celui de *marche*, alors chaque troupe doublera son degré de vîtesse pour l'exécution du quart ou de la demi-conversion seulement, & s'alignera vivement.

Lorsqu'on fera le seul commandement *marche* à une troupe qui sera de pied-ferme, soit en bataille ou en colonne, toute la ligne ou chaque troupe d'une colonne s'ébranlera en même temps pour marcher au pas seulement.

Le principe à suivre pour rompre un régiment & pour le faire marcher sur un plus grand ou sur un plus petit front, doit être assujetti aux circonstances.

Lorsqu'on a pour objet de marcher à l'ennemi, il faut s'éloigner le moins qu'il est possible de l'ordre de bataille : en conséquence, on se rompra par le plus grand front que le terrain permettra de marcher, & s'il se trouvoit des défilés (ou un terrain plus resserré) à passer, chaque troupe après l'avoir passé, se reformeroit telle qu'elle étoit avant de le passer, ou même sur un plus grand front, si le terrain le permettoit, afin que (la colonne ayant moins d'étendue) les dernières troupes soient plus à portée d'arriver promptement en bataille si le cas l'exigeoit.

Lorsqu'on n'aura d'autre objet en rompant un régiment, que celui de le mettre en route, on préférera de le rompre par un petit front, pour marcher avec plus d'aisance & moins de sujettion.

Quant à la manière de se rompre, on doit préférer celle qui conduit par la voie la plus courte ou avec le moins de chemin à l'objet qu'on se propose; en conséquence, lorsqu'on voudra former un régiment en colonne par escadron, &c. on le rompra carrément, c'est-à-dire, que tous les escadrons, excepté le premier de la colonne, se porteront par un *à droite* ou par un *à gauche* sur le terrain qu'occupoit celui qui en aura la tête.

Lorsqu'on n'aura d'autre objet que celui de gagner du terrain en avant, on préférera de se rompre diagonalement, c'est-à-dire, que tous les escadrons se porteront par le chemin le plus court, sur la direction de celui qui aura la tête de la colonne, autant que le terrain le permettra.

On distinguera la manière dont on devra se rompre par les commandemens suivans. Lorsqu'on commandera, *escadron, &c. formez la colonne en avant*, on se rompra carrément ; & lorsqu'on commandera, *escadron, &c. rompez le régiment en avant*, on se rompra diagonalement.

Lorsqu'on marchera en colonne, les files des ailes de chaque division seront toujours alignées par la droite ou par la gauche, sur celle de la première division de la tête de la colonne, vers le côté par lequel on se sera rompu ou qu'on aura tourné en dernier lieu en marchant; ces mêmes files qui n'auront d'autre attention que de bien marcher à leur direction & à leur distance, serviront chacune de guide à leur rang pour être aligné, soit par la droite ou par la gauche, selon le côté ou l'on aura tourné.

Quand on s'alignera, soit à droite ou à gauche, les Dragons éviteront de porter machinalement la main du côté où ils regarderont, & la tiendront assurée devant eux, contenant leurs chevaux bien droits dans les jambes, sans s'ouvrir ni se serrer sur leur guide.

Lorsque pour une revue on marchera en colonne, soit par escadron, compagnie, division, &c. les Dragons auront pour ce moment la tête tournée du côté de la personne devant laquelle on passera.

Quand, pendant les manœuvres, on marchera en colonne, les Officiers & bas Officiers seront tenus de marcher dans le plus grand ordre & d'avoir l'œil à ce que les Dragons de leur division ne se négligent point, qu'ils observent le plus grand silence, & qu'ils marchent serrés dans les rangs comme ils doivent l'être; le guide de chaque troupe aura attention de ne pas laisser plus de distance du premier rang de sa troupe au premier rang de celle qui la précèdera qu'il n'en faut à cette troupe pour se remettre en bataille, la première troupe de chaque escadron observant en outre la distance prescrite pour l'intervalle d'un escadron à l'autre; l'Officier-major attaché à chaque escadron veillera avec soin à l'observation de ce principe, & à ce que le second rang de chaque division soit toujours serré sur le premier, sans cependant que les chevaux se blessent.

Si l'on n'est en colonne que pour marcher, le second rang de chaque division ne sera point si serré, & les Dragons marcheront à leur aise sans être assujettis à un alignement scrupuleux.

Lorsqu'une troupe défilera ou qu'elle marchera par deux, trois ou quatre, on n'observera point de distance entre les rangs ni entre les divisions, compagnies & escadrons.

Toutes les fois qu'une troupe seule marcheraen avant, les Dragons s'aligneront à droite sur la file droite, qui servira de guide à toute la troupe, cette file observant de marcher bien droit devant elle, d'avoir souvent l'œil sur le Commandant, & de laisser toujours un pas de distance de ce Commandant au premier rang de la troupe; la file de la droite du second rang servira pareillement de guide à ce rang, & n'aura d'autre attention que de marcher à son chef-de-file & à sa distance.

Lorsqu'un régiment sera en colonne & qu'il devra se former en bataille en avant, l'objet devant être d'y arriver le plus promptement possible, chaque troupe de la colonne se dirigera toujours par le chemin le plus court sur le terrain qu'elle devra occuper en bataille, & jamais par les manœuvres carrées, à moins qu'elles n'y soient forcées par la nature du terrain.

On observera, pour former une colonne en bataille en tel sens que ce soit, de porter la première troupe sur le terrain où l'on voudra placer la droite, ou (si l'on marche par la gauche ou par le centre) sur le terrain où l'on voudra placer la gauche ou le centre, en gardant l'alignement qu'on devra occuper en bataille; alors chaque troupe s'alignera en arrivant sur la première troupe qui se sera formée, soit par la droite, par la gauche ou sur le centre; mais lorsqu'ensuite cette ligne devra marcher en avant, les escadrons de la droite se régleront sur la gauche, & ceux de la gauche se régleront sur la droite, afin de s'aligner tous entre eux sur le centre.

Lorsque les quatre escadrons d'un régiment marcheront de front en bataille, la file de la gauche du second escadron &-la file de la droite du troisième escadron seront chargées d'observer de concert ensemble l'intervalle prescrit entre ces deux escadrons, en soutenant ferme sur leur rang, si l'intervalle se rétrécissoit, ou en abandonnant leur rang s'il s'élargissoit; la file de la gauche du premier efcadron fera feule chargée d'obferver l'intervalle de fon efcadron au fecond, & la file de la droite du quatrième efcadron fera de même chargée d'obferver feule l'intervalle qu'il doit y avoir de fon efcadron au troifième, en fe conformant à ce qui vient d'être prefcrit pour chacune des deux files du centre. Les Dragons de chaque efcadron devant s'aligner fur leur guide, auront attention lorfque les files feront trop ouvertes de les refferrer du côté de leur guide, & lorfqu'elles feront trop ferrées, de les ouvrir du côté oppofé. Les Commandans de chaque efcadron veilleront à l'obfervation de ce principe, de même que les Officiers-majors qui fe tiendront quelquefois derrière les intervalles, & parcourront la queue de leur efcadron pour donner aux Dragons les inftructions néceffaires, mais en obfervant de parler à voix baffe.

Si la ligne étoit compofée de plus de quatre efcadrons, on fe conformeroit, pour obferver l'intervalle du centre de la ligne, aux mêmes principes qui font prefcrits ci-deffus pour obferver l'intervalle des fecond & troifième efcadrons, & pour ceux des ailes, à ce qui eft prefcrit pour les premier & quatrième efcadrons.

Pour tous les pas obliques, les Dragons s'aligneront obliquement fur la file du côté où l'on fe portera, c'eft-à-dire que fi l'on fe porte vers la droite, on s'alignera à droite, & la file de la droite fera un peu plus avancée que la file de la gauche.

Lorfqu'on voudra faire ouvrir les files à une troupe & les refferrer enfuite, les Dragons s'aligneront de la manière fuivante.

Lorfqu'on ouvrira les files fur la droite, la file de la gauche ne bougera, & tous les Dragons fe règleront fur elle en fe portant du côté oppofé, pour s'y aligner & s'arrêter à mefure que leur voifin qui fera vers la gauche fera *halte*, & qu'ils en feront à un pas d'intervalle, le même point d'alignement fervira pour refferrer les files fur la gauche.

Lorsqu'on ouvrira les files sur la gauche, on se conformera au même principe par les moyens contraires.

Lorsqu'enfin on ouvrira les files sur les ailes, & qu'on les resserrera ensuite sur le centre, les Dragons se régleront sur le centre.

Dans les quarts-de-conversion qui se feront par plusieurs troupes ensemble, les Dragons s'ébranleront tous en même temps au mot *marche*, ils se régleront sur les deux ailes, savoir, dès qu'ils se seront mis en mouvement, ils regarderont l'aile qui tournera pour proportionner sur cette aile leur mouvement de progression, relativement au pivot sur lequel ils auront souvent l'œil pour s'y aligner & ne point s'en séparer.

Si la conversion se fait *à droite*, ils porteront imperceptiblement la main *à droite*, & de manière que chaque Dragon dirige les épaules de son cheval sur la ligne circulaire qu'il aura à parcourir sans serrer ni s'éloigner de son voisin de la droite; ils fermeront la jambe droite & soutiendront les hanches de la jambe gauche selon le besoin.

Dans les demi-conversions qui se font un peu légèrement, il arrive très-fréquemment que l'aile qui tourne s'ouvre & se sépare de la partie qui soutient; c'est pourquoi il faut que les Dragons de cette aile aient attention de se resserrer (environ au quart du mouvement) sur le côté qui soutient, mais avec beaucoup de modération & en gagnant toujours du terrain en avant, pour éviter le désordre qu'occasionnent les mouvemens trop vifs & trop à coups.

L'Officier, bas Officier ou Dragon qui soutiendra, fera son mouvement le plus carrément qu'il sera possible; & si la troupe devoit continuer de marcher après un quart ou une demi-conversion, il auroit attention, pour n'être pas en retard, de se porter en avant au moment que le mouvement seroit environ aux trois quarts fait.

Les Dragons du second rang ayant plus d'espace à parcourir que ceux du premier, à mesure qu'ils se trouvent plus près du pivot, exécuteront leur mouvement plus légèrement : ils commenceront par déterminer l'épaule de leurs chevaux *à gauche*, en y portant la main & en fermant la jambe droite, pour chasser plus ou moins les hanches selon qu'ils seront plus ou moins près du pivot ; ils les entretiendront en avant de la jambe gauche & selon le besoin, ayant attention de diriger toujours les épaules sur la ligne circulaire que chacun d'eux aura à parcourir pour arriver sur son chef-de-file.

Les Dragons, du côté de l'aile qui tournera, observeront de mettre beaucoup de vivacité dans leur mouvement, afin que ceux du côté du pivot puissent agir librement & ne soient point retardés ; pour cet effet, dès que le Dragon qui se trouvera à l'aile ne sera plus gêné par le pivot de la troupe qui seroit voisine, il dépassera un peu son chef-de-file du premier rang jusqu'au moment où le mouvement sera prêt d'être achevé.

Pour tous les quarts-de-conversions qui devront se faire successivement par chaque troupe en colonne, on évitera de les faire carrément, & l'on aura attention que le pivot décrive toujours un quart-de-cercle d'environ cinq pas pour le front d'une division, & pas davantage pour un plus grand front (puisqu'alors les distances entre chaque troupe sont plus grandes) ; en conséquence, lorsque la première troupe d'une colonne aura fait son mouvement, la seconde commencera le sien trois pas environ avant que son premier rang soit à la hauteur de la file qui aura soutenu, de la troupe qui la précédera ; c'est à quoi les Officiers, Officiers-majors & bas Officiers auront la plus grande attention : par ce principe, le pivot n'ayant rien qui le gêne pour gagner toujours un peu de terrain en avant, c'est-à-dire vers le côté où il devra tourner, ne sera point dans le cas de se jeter du côté opposé à celui où l'on tournera, & ne retardera point la troupe qui le suivra, laquelle observera la même règle.

Les

Les Dragons de l'aile qui tournera, augmenteront toujours leur degré de vitesse pour ce quart-de-conversion, & se régleront principalement sur le Dragon du pivot, qui n'aura d'autre attention pendant ce mouvement, que de regarder son chef-de-file de la troupe qui le précédera, pour se maintenir sur sa direction & marcher à sa distance, sans se régler en aucune façon sur le Dragon de l'aile.

Dès que le Commandant de la division qui devra tourner à son tour, aura la tête de son cheval à la hauteur de la file qui aura soutenu, de la troupe qui le précédera, il commandera, *marche*; alors toute la division tournera du même côté que la troupe qui la précédera, aura tourné, ce qui étant exécuté, cette division se portera en avant sans autre commandement.

Lorsqu'on marchera en colonne par deux, trois ou quatre, chaque rang qui devra tourner se conformera au même principe & sans que jamais le pivot s'arrête.

Lorsqu'on fera le commandement de rompre un régiment en avant ou en arrière par escadron, compagnie, &c. la droite ouvrira toujours la marche, sans qu'il soit besoin de l'en prévenir; mais lorsqu'on voudra que ce soit la gauche qui marche la première, ou l'un des escadrons du centre, on en fera mention dans le commandement.

Lorsqu'on voudra diriger une colonne vers la droite ou vers la gauche, on commandera: *tête de la colonne, à droite* ou *(à gauche)*; alors la première troupe de la colonne fera *à droite* ou *(à gauche)* & fera suivie successivement par toutes les autres.

Lorsqu'un régiment fera en colonne, & qu'on lui fera le commandement de *se mettre en bataille*, il se formera toujours dans son ordre naturel, c'est-à-dire, que le premier escadron se placera à la droite de la ligne, soit que le régiment marche en colonne renversée ou non, à moins d'un commandement contraire.

Dans les manœuvres où il sera nécessaire de faire des

demi-quarts-de-conversion, par escadron, compagnie ou division, soit pour se rompre ou pour se mettre en bataille, le Commandant de chaque troupe commandera, *doucement la droite, marche la gauche* (si le mouvement doit se faire à droite), & lorsqu'il jugera que le *demi à droite* sera fait, il commandera en avant.

Dans les mouvemens que les escadrons exécuteront au galop pour se mettre en bataille en avant, le Commandant de chaque escadron observera de ralentir son escadron au trot, trois ou quatre pas avant qu'il arrive sur son alignement, afin de ne point le dépasser, ni s'arrêter en désordre; on observera la même règle pour un régiment ou toute autre troupe qui marcheroit en bataille au galop, à moins que les circonstances n'exigent d'arrêter sur le champ.

L'intention de Sa Majesté est, qu'on commence par expliquer fort clairement toutes les manœuvres aux Dragons, qu'on leur fasse d'abord exécuter au *pas* & lentement, jusqu'à ce qu'ils les conçoivent bien; qu'ensuite on les leur fasse exécuter au *trot* & plus legèrement à mesure qu'ils seront plus instruits, & qu'enfin on augmente cette légèreté jusqu'à ce que toutes les manœuvres s'exécutent avec la plus grande célérité.

DES SIGNAUX.

Lorsque le nombre d'escadrons ou de troupes, sera trop considérable pour que la voix puisse se faire entendre à tous, soit en bataille ou en colonne, on se servira des signaux ci-après.

Pour rassembler une troupe, ou pour lui faire serrer les rangs lorsqu'elle sera rassemblée, on fera *appeler*.

Pour marcher en avant, on battra *aux champs*.

Tout mouvement qui n'aura pas été indiqué, sera annoncé par un roulement s'il doit se faire *à droite*, ou par deux s'il doit se faire *à gauche*.

Si les escadrons doivent se rompre *par division*, après un ou deux roulemens, on donnera quatre coups de baguette.

Si c'est par compagnie, on donnera deux coups de baguette.

Si c'est par escadron, on donnera un coup de baguette, après quoi les Tambours battront *aux champs*.

Le régiment étant rompu, se reformera dès que l'on battra *aux drapeaux*.

Lorsqu'on battra *la charge*, les Dragons mettront leurs chevaux au galop, le sabre en haut; & si c'est à pied, ils marcheront le pas redoublé.

Lorsqu'on battra *la retraite*, si c'est à cheval, la première compagnie de chaque escadron se portera en avant, & la seconde se retirera ainsi qu'il est prescrit à la dix-huitième manœuvre; & si c'est à pied, le régiment fera *demi-tour à droite* par file & marchera devant lui.

On fera battre *la berloque*, pour envoyer le régiment à la paille soit à pied ou à cheval.

Lorsque le Commandant voudra faire manœuvrer la troupe par les batteries ci-dessus désignées, il fera avec son arme, le signal aux Tambours pour faire les roulemens & donner les coups de baguette nécessaires pour indiquer la manœuvre que la troupe verra faire.

Quand les troupes de la queue d'une colonne ne pourront pas en suivre la tête, ou qu'elles seront obligées de s'arrêter, elles feront *appeler*, ce qui sera répété d'escadron en escadron jusqu'à la tête qui fera *halte*.

Dès que la queue aura rejoint ou qu'elle n'aura plus de raison de s'arrêter, elle fera battre *aux champs*, ce qui sera répété par un Tambour de la tête de chaque escadron, après quoi la tête de la colonne se remettra en marche; il sera cependant détaché un Officier-major pour avertir celui qui commandera la colonne, du sujet pour lequel on se sera arrêté.

On ne fera usage des batteries de Tambours pour manœuvrer que le moins possible; & pour y suppléer, après que le Commandant aura fait un commandement, il sera répété par le Commandant de chaque escadron le plus promptement possible, soit en bataille ou en colonne, & dans ce dernier cas les divisions exécuteront toujours les mêmes mouvemens de celles qui les précéderont.

Lorsque le Commandant supérieur d'un camp ou d'un cantonnement, jugera nécessaire de se servir des signaux de canon ou autres pour faire manœuvrer, il fera donner par écrit aux Commandans de chaque escadron les mouvemens qu'ils auront à faire, afin qu'il n'y ait aucune méprise à cet égard.

DES MANŒUVRES.

COMMANDEMENS POUR MONTER À CHEVAL.

Un régiment étant assemblé à rangs ouverts, les Dragons tenant leurs chevaux par la bride, & leur tournant le dos ainsi qu'il est prescrit après la vingt-deuxième manœuvre au quatrième commandement pour mettre pied à terre, on commandera :

1.

Prenez garde à vous.

2.

Preparez-vous pour monter à cheval

3.

A cheval.

4.

Reprenez vos rangs.

Au deuxième commandement, tous les Dragons feront *demi-tour à gauche*, contenant le sabre de la main gauche, les nombres pairs reculeront leurs chevaux de la longueur d'un cheval, ils passeront les rênes sur le cou, rabattront l'étrier gauche : ils prendront une poignée de crin de la main gauche, jetant ensuite le bout des rênes en avant, & mettront le pied gauche à l'étrier.

Au troisième commandement, ils monteront tous à cheval, ainsi qu'il est prescrit dans l'instruction de l'équitation ci-jointe.

Au quatrième commandement, les Dragons qui auront reculé, rentreront dans leur rang, le second rang se serrant sur le premier, ainsi qu'il est prescrit à la manœuvre après le *demi-tour à droite* par file.

Toutes les fois qu'on exercera un régiment en entier, ou même un escadron, & qu'étant pied à terre on voudra monter à cheval, les Tambours qui monteront d'avance à cheval en donneront le signal, après que le Commandant aura fait l'avertissement, *prenez garde à vous pour monter à cheval*, les Tambours battront à cheval l'espace de temps nécessaire qu'il faudra aux Dragons pour s'apprêter & mettre le pied à l'étrier; dès que les Tambours auront cessé, les Dragons monteront tous à cheval, & aussitôt qu'ils auront pris leurs étriers, les Tambours *appelleront*, & alors les Dragons rentreront dans leurs rangs de la même manière qu'il vient d'être dit.

PREMIÈRE MANŒUVRE.

UN RÉGIMENT ÉTANT FORMÉ EN BATAILLE
SUR SON QUARTIER D'ASSEMBLÉE, LE ROMPRE PAR QUATRE
OU PAR DEUX, POUR LE METTRE EN MARCHE
ET SE RENDRE SUR LE TERRAIN OÙ IL DEVRA S'EXERCER.

ON commandera au premier escadron:

I.

Prenez garde à vous.

2.

Marchez, deux (ou quatre).

3.

Marche.

Si l'on a commandé de marcher par deux, les deux Dragons de la droite du premier rang de la première division marcheront en avant ou vers la droite, suivant le côté où l'on devra se porter ; les autres Dragons du premier rang de cette division se rompront successivement par deux, pour se porter sur la direction des premiers & prendre rang dans la colonne à mesure qu'ils y arriveront. Le second rang de la même division se rompra dans le même ordre que le premier, partant du terrain qu'il occupera, ce qui sera répété par toutes les divisions de cet escadron & des suivans.

Si l'on a commandé de marcher par quatre, la même manœuvre se fera de quatre en quatre ; dans l'un & l'autre cas, s'il restoit des Dragons impairs du premier rang des divisions, ils seroient complétés par les Dragons de la droite du second rang de la même division.

Lorsque le front des divisions sera composé de six, de neuf ou de quinze hommes, on pourra marcher par trois au lieu de quatre, se conformant d'ailleurs aux régimens qui auroient la tête d'une colonne.

DEUXIÈME MANŒUVRE.

UN RÉGIMENT MARCHANT EN COLONNE
PAR DEUX (OU PAR QUATRE),
LE FORMER TOUT DE SUITE EN BATAILLE,
SOIT EN AVANT OU SUR LA DROITE OU SUR LA GAUCHE.

ON commandera à la tête de la colonne :

1.

Prenez garde à vous.

2.

En avant, ou sur la droite ou sur la gauche, } *formez le régiment en bataille.*

3.

Marche.

SI on a commandé de se mettre en bataille en avant, les Dragons qui auront la tête de la colonne, après s'être portés quatre pas en avant, feront *halte* ; les Dragons qui devront compofer le premier rang de la première divifion fe porteront diagonalement à gauche pour fe former fucceffivement à la gauche des premiers, le fecond rang fe formera enfuite, & toutes les divifions de cet efcadron & des fuivans fe formeront fucceffivement & dans le même ordre à la gauche les unes des autres, obfervant les intervalles preferits entre chaque efcadron.

Les efcadrons de la queue de la colonne obferveront dans ce mouvement de fe porter diagonalement fur le terrain qu'ils devront occuper, mais infenfiblement & en fuivant toujours la direction de l'efcadron qui les précèdera, les Dragons ne devant quitter la colonne ni fe déranger de leur chef-de-file qu'au moment où ils devront fe former.

Si au lieu de former le régiment en bataille en avant, il a été ordonné de le former fur la droite, les Dragons qui auront la tête de la colonne feront *à droite*, fe porteront dix pas en avant, & feront *halte*, ceux qui les fuivront continueront de marcher & iront fe former fucceffivement par un *à droite* à la gauche des premiers, le fecond rang fe formera enfuite, & toutes les divifions de cet efcadron & des fuivans fe formeront fucceffivement & dans le même ordre à la gauche les unes des autres.

Si au contraire il a été ordonné de former le régiment en bataille fur la gauche, les Dragons de la tête de la colonne qui devront compofer le premier rang de la première divifion, feront *à gauche*, ferreront auffitôt leur file fur la droite en fe portant cinq pas en avant, & feront *halte* ; les Dragons qui devront compofer le fecond rang de cette divifion continueront de marcher en avant pour fe former par le même mouvement fur la direction de leur chef-defile, & toutes les divifions de cet efcadron & des fuivans fe formeront fucceffivement dans le même ordre à la gauche les unes des autres, obfervant de même les intervalles entre les efcadrons.

TROISIÈME MANŒUVRE.

DES À DROITE ET À GAUCHE,
DEMI-TOURS À DROITE ET DEMI-TOURS À GAUCHE.

PREMIER COMMANDEMENT.

1.

Prenez garde à vous.

2.

escadron,
compagnie, } *à droite (ou à gauche).*
division,

3.

Marche.

Si c'est *à droite*, la droite de chaque escadron, compagnie ou division soutiendra, & la gauche marchera jusqu'à ce qu'elle ait fini son *quart de conversion*.

Si c'est au contraire *à gauche*, la gauche soutiendra & la droite marchera.

On se conformera pour ce mouvement & le suivant à ce qui est établi ci-devant au *Chapitre des principes généraux pour les manœuvres*.

DEUXIÈME COMMANDEMENT.

1.

Prenez garde à vous.

2.

escadron,
compagnie, } *demi-tour à droite*
division, } *ou*
} *demi-tour à gauche.*

3.

Marche.

Sɪ c'est *à droite*, la droite de chaque escadron, compagnie ou division soutiendra, & la gauche marchera jusqu'à ce qu'elle ait fini sa *demi-conversion*, & qu'elle se trouvera alignée avec les autres escadrons, faisant face du côté opposé.

Si au contraire la *demi-conversion* doit se faire à gauche, la droite marchera & la gauche soutiendra.

Lorsqu'on voudra se remettre en bataille sur le même terrain, on fera un second *demi-tour à droite*, ou un second *demi-tour à gauche*.

QUATRIÈME MANŒUVRE,

DES À DROITE OU À GAUCHE,

SUR LE CENTRE.

1.

Prenez garde à vous.

2.

compagnie, } *à droite sur le centre*
division, } ou
} *à gauche sur le centre.*

3.

Marche.

Lᴇs deux Dragons du centre du premier rang de chaque division par laquelle il aura été ordonné de tourner, serviront de pivot.

Si le mouvement se fait *à droite*, le demi-rang de la droite fera son *quart de conversion* en reculant très-doucement, & le demi-rang de la gauche fera le sien en avançant, réglant son mouvement de progression sur celui du demi-rang qui reculera; les Dragons de ce demi-rang fermeront la jambe droite, en soutenant la main à droite plus ou moins, suivant qu'ils seront plus ou moins éloignés du pivot: ceux du second rang observeront la même règle.

Si le mouvement se fait *à gauche*, le demi-rang de la gauche reculera, & le demi-rang de la droite avancera; les

Dragons qui devront reculer, se conformeront au principe qui vient d'être indiqué, mais en employant les moyens contraires.

On n'exécutera les manœuvres sur le centre, que lorsqu'on y sera forcé par la nature du terrain.

CINQUIÈME MANŒUVRE.

ROMPRE UN RÉGIMENT EN AVANT,
EN ARRIÈRE, À DROITE ou À GAUCHE,
ET DÉDOUBLER ENSUITE PAR COMPAGNIE, DIVISION, &c.

PREMIER COMMANDEMENT.

I.

Prenez garde à vous.

2.

Par deux escadrons, rompez le régiment en avant.

3.

Marche.

LE premier & le second escadron se porteront en avant, tandis que le troisième & le quatrième feront chacun un *demi à droite*, pour se porter ensuite en avant, & dès qu'ils seront arrivés, l'un à la hauteur du premier escadron, & l'autre à la hauteur du second, ils feront chacun un *demi à gauche*, pour former une seconde ligne, qui suivra la première.

DEUXIÈME COMMANDEMENT.

I.

Prenez garde à vous.

2.

Escadron, dédoublez en avant.

3.

Marche.

LE premier & le troisième escadron continueront de

marcher en avant, tandis que le second & le quatrième escadron feront chacun un *demi à droite*, pour se porter ensuite en avant: & dès qu'ils arriveront, l'un à la hauteur du premier escadron, & l'autre à la hauteur du troisième, ils feront chacun un *demi à gauche*, pour prendre leur rang dans la colonne.

Lorsque les circonstances n'exigeront pas de rompre le régiment par deux escadrons de front, on préférera de le rompre simplement par escadron, compagnie ou division; pour cet effet on commandera:

TROISIÈME COMMANDEMENT.

1.

Prenez garde à vous.

2.

escadron,
compagnie, } *rompez le régiment en avant.*
division,

3.

Marche.

Si c'est par escadron, le premier escadron du régiment se portera en avant, tandis que les autres feront chacun un *demi à droite*, pour se porter en avant vers la droite & marcher ensuite sur la direction du premier escadron, en faisant successivement un *demi à gauche* à mesure qu'ils prendront leur rang dans la colonne.

Si c'est par compagnie ou division, on observera la même règle.

Si au lieu de marcher directement en avant de la droite, on vouloit marcher en avant du centre, la première troupe d'une ligne quelconque se dirigeroit en partant sur le terrain qui lui seroit indiqué, & seroit suivie successivement par toutes les autres.

Si au lieu de rompre le régiment en avant, on veut le rompre en arrière, on commandera:

QUATRIÈME COMMANDEMENT.

1.
Prenez garde à vous.

2.

escadron,
compagnie, } *rompez le régiment en arrière.*
division,

3.
Marche.

Si c'est par escadron, le premier escadron sera *demi tour à droite* pour faire face en arrière, & marchera ensuite directement devant lui, les autres escadrons feront en même temps chacun un *à droite & demi* par escadron pour se porter sur la direction du premier escadron, & prendre successivement leur rang dans la colonne, en faisant un *demi à droite* à mesure qu'ils y arriveront.

Si c'est par compagnie ou division, on observera la même règle.

Si au contraire on veut rompre le régiment à droite ou à gauche, on fera les commandemens indiqués à la troisième manœuvre.

Si au lieu de rompre le régiment tout-à-la-fois pour marcher vers la droite ou vers la gauche, on veut seulement le rompre en détail par la droite pour marcher ensuite vers la gauche, on commandera:

CINQUIÈME COMMANDEMENT.

1.

escadron, } *prenez garde à vous, pour vous rompre*
compagnie, } *par la droite & marcher vers la*
division, } *gauche.*

2.
Marche.

A ce commandement, l'escadron, la compagnie ou la division de la droite par laquelle on rompra le régiment, partira seule pour marcher en avant jusqu'à la distance d'environ d'environ dix pas, & fera enfuite un *quart de converfion à gauche* pour paffer devant le front du régiment.

Si cette manœuvre s'exécute par efcadron, le fecond efcadron fe mettra en mouvement (dès que le premier rang du premier efcadron arrivera à la hauteur de la cinquième file de fa gauche) pour marcher en avant, faire comme lui un *quart de converfion à gauche*, mais prefque au même pas que l'efcadron qui le précèdera & prendre rang dans la colonne; les autres efcadrons exécuteront fucceffivement la même manœuvre.

Si cette manœuvre s'exécute par compagnie, la feconde compagnie du premier efcadron fe mettra de même en mouvement dès que le premier rang de celle qui la précèdera fera à hauteur de la cinquième file de fa gauche, pour fe porter en avant & faire comme elle un *quart de converfion à gauche*, mais en augmentant fon degré de viteffe.

À l'égard de la première compagnie du fecond efcadron, elle ne fe mettra en mouvement que lorfque celle qui la précèdera fera à hauteur de la cinquième file de la gauche de la feconde compagnie de cet efcadron, afin d'obferver, outre fa diftance, l'intervalle qu'il doit y avoir entre les efcadrons, & ainfi des autres.

Lorfqu'on exécutera cette manœuvre par divifion, la feconde divifion du premier efcadron fe mettra auffi en mouvement dès que le premier rang de celle qui la précèdera fera à hauteur de la cinquième file de fa gauche, & ainfi des autres divifions de cet efcadron; mais la première divifion du fecond efcadron ne partira que lorfque le premier rang de celle qui la précèdera fera arrivé à hauteur de la cinquième file de la gauche de la troifième divifion de cet efcadron, afin d'obferver, outre fa diftance, l'intervalle d'un efcadron à l'autre, ainfi qu'il vient d'être prefcrit; les divifions des autres efcadrons fe conformeront (relativement à la place qu'elles occuperont) à l'une ou à l'autre règle.

On exécutera les mouvemens contraires lorfqu'on voudra fe rompre par la gauche pour marcher vers la droite.

Le régiment étant en colonne par efcadron, on commandera :

SIXIÈME COMMANDEMENT.

1.

Prenez garde à vous.

2.

Compagnie, rompez les escadrons, en avant.

3.

Marche.

La première compagnie de chaque escadron continuera de marcher en avant, & dès que son second rang aura dépassé le premier rang de la seconde compagnie, celle-ci appuiera à droite en marchant, pour se porter par le pas oblique sur la direction de la première; ce sera le contraire lorsque les escadrons marcheront en colonne renversée.

SEPTIÈME COMMANDEMENT.

1.

Prenez garde à vous.

2.

Division, rompez les compagnies, en avant.

3.

Marche.

Chaque compagnie se rompra par division, en suivant la même règle qui vient d'être prescrite pour rompre les escadrons par compagnie.

Le régiment étant en colonne par division, on commandera à la première division de la colonne :

HUITIÈME COMMANDEMENT.

1.

Prenez garde à vous.

2.

Marchez, quatre.

3.

Marche.

Les quatre Dragons de la droite du premier rang marcheront en avant, les autres Dragons du premier rang de cette division se rompront successivement en avant par quatre, pour se porter obliquement sur la direction des premiers, & prendre rang dans la colonne à mesure qu'ils y arriveront, le second rang de la même division se rompra sur le terrain qu'il occupera dans le même ordre que le premier, & toutes les divisions suivantes exécuteront la même manœuvre à mesure qu'elles arriveront sur le terrain où la première se sera rompue.

Le régiment étant en colonne par quatre, on commandera au premier rang de la première division de la colonne :

NEUVIÉME COMMANDEMENT.

Marchez, deux.

LES deux Dragons de la droite du premier rang se porteront en avant, & seront suivis des deux de la gauche, le second rang, & successivement tous ceux qui composeront la colonne, se rompront dans le même ordre, partant du terrain qu'ils occuperont.

Lorsqu'ensuite on voudra défiler, on commandera à la tête de la colonne :

DIXIÉME COMMANDEMENT.

Défilez.

LE Dragon de la droite du premier rang se portera en avant & sera suivi de celui de la gauche, les autres rangs se rompront successivement dans le même ordre, partant du terrain qu'ils occuperont.

SIXIÈME MANŒUVRE.

DOUBLER LES RANGS EN AVANT,
ET SE FORMER SUCCESSIVEMENT
PAR DIVISION, COMPAGNIE, ESCADRON,
ET LE RÉGIMENT EN BATAILLE DE TOUTES LES MANIÈRES.

LORSQU'APRÈS avoir défilé, on voudra marcher par deux, par quatre, & former ensuite les divisions pendant tout le temps que les rangs doubleront, le premier rang de la colonne, après s'être porté quatre pas en avant, sera *halte*, afin de donner la facilité aux derniers Dragons ou aux dernières troupes de la colonne, d'arriver à leurs distances.

PREMIER COMMANDEMENT.

Marchez, deux.

LE second Dragon de chaque division doublera à la gauche du premier, le quatrième doublera à la gauche du troisième, ainsi de suite: & dès que le doublement sera fait, le premier rang de la colonne ayant fait *halte*, tous les autres rangs se serreront *au trot* sur lui jusqu'à ce qu'ils soient arrivés près les uns des autres, après quoi on marchera.

DEUXIÈME COMMANDEMENT.

Marchez, quatre.

LES deux Dragons du second rang de chaque division doubleront à la gauche du premier rang, les deux Dragons du quatrième rang doubleront à la gauche du troisième rang, ainsi de suite, & dès que le doublement sera fait, on observera ce qui vient d'être prescrit pour serrer les rangs & marcher ensuite.

TROISIÈME COMMANDEMENT.

1.

Prenez garde à vous.

2.

Sur deux rangs, formez les divisions, en avant.

3.

Marche.

LES Dragons qui auront la tête de chaque division continueront de marcher le même pas, excepté ceux du premier rang de la colonne qui, après s'être portés quatre pas en avant, feront *halte*, tous ceux qui devront composer le premier rang, se porteront obliquement à gauche, pour se former successivement à la gauche les uns des autres : le second rang se formera dans le même ordre, en se serrant sur

le

le premier ; après quoi toutes les divisions de la queue de la colonne, se porteront légèrement à leur distance (la première division de chaque escadron observant en outre la distance prescrite entre les escadrons), ce qui étant exécuté, la colonne se mettra en marche.

Dans une marche de nuit, les divisions de la queue de la colonne continueront à défiler ou à marcher deux ou quatre, jusqu'à ce qu'elles aient joint la division qui les précèdera & qu'elles soient arrivées sur le terrain où elles devront se former.

QUATRIÈME COMMANDEMENT.

1.
Prenez garde à vous.

2.
En avant, formez les compagnies.

3.
Marche.

L A première division de chaque compagnie ralentira un peu son pas, & la seconde division appuiera à gauche en marchant pour se former par le *pas oblique* à la gauche de la première division.

CINQUIÈME COMMANDEMENT.

1.
Prenez garde à vous.

2.
En avant, formez les escadrons.

3.
Marche.

LES deux compagnies de chaque escadron exécuteront la même manœuvre que celle qui vient d'être prescrite pour les deux divisions de chaque compagnie.

Lorsque les circonstances exigeront de doubler par deux escadrons, les premier & troisième escadrons ralentiront leur pas ; les second & quatrième escadrons feront chacun un *demi à gauche*, pour marcher en avant, & se former par un *demi à droite*, l'un à la gauche du premier escadron,

& l'autre à la gauche du troisième, observant entr'eux l'intervalle prescrit.

Lorsqu'ensuite on voudra former le régiment en bataille en avant, les premier & second escadrons feront *halte*; les troisième & quatrième escadrons, qui formeront la seconde ligne, feront chacun un *demi à gauche* pour ensuite se porter en avant, & se former chacun par un *demi à droite* à la gauche des deux premiers & sur le même alignement.

Le régiment étant en colonne par escadron, on préférera pour plus de célérité de le former tout de suite en bataille, sans qu'il soit nécessaire auparavant de le faire doubler par deux escadrons; & on commandera:

SIXIÈME COMMANDEMENT.

1.
Prenez garde à vous.

2.
En avant, formez le régiment en bataille.

3.
Marche.

LE premier escadron du régiment se portera huit pas en avant & sera *halte*, le second, le troisième & le quatrième escadron feront chacun un *demi à gauche* pour se porter diagonalement vers la gauche (le second escadron marchant au *grand pas*, le troisième au *trot* & le quatrième au *grand trot* ou au *galop*) & se former successivement en bataille à la gauche les uns des autres.

Le Commandant du troisième escadron observera dans ce mouvement, que la file de la droite de son escadron dépasse d'environ trois pas (ou soit à peu près sur la direction) de la file de la gauche du second escadron qui le précèdera, jusqu'au moment que le second escadron sera arrivé sur le terrain où il devra se mettre en bataille, alors le troisième escadron continuera sa direction pour laisser entre lui & le second escadron l'intervalle nécessaire.

Le Commandant du quatrième escadron observera la même règle par rapport à ce troisième escadron.

Le régiment étant en colonne par compagnie, division, &c. on pourra le former tout de suite en bataille, sans qu'il foit toujours néceffaire de former auparavant les compagnies & efcadrons.

Si au lieu d'arriver par la droite du terrain où l'on auroit à fe mettre en bataille en avant, on y arrive par la gauche, on dirigera d'avance (s'il n'y a point d'obftacle) la tête de la colonne fur le point où on voudra placer la droite, & lorfqu'elle y fera arrivée, on fe mettra en bataille en fe conformant à ce qui eft preferit au neuvième commandement ci-après; mais lorfqu'une colonne quelconque arrivera fur l'alignement, & par le centre du terrain où elle aura à fe mettre en bataille en avant, on dirigera la tête de la colonne à droite pour faire longer les premières divifions jufque fur le terrain où on voudra les porter: & lorfqu'elles y feront arrivées, elles fe mettront en bataille par un *à gauche*, tandis que les divifions qui n'auront point encore changé leur direction, fe formeront en avant fur l'alignement des premières, ainfi qu'il eft preferit ci-deffus.

Lorfqu'on marchera en colonne renverfée, on fuivra les mêmes principes par des mouvemens contraires.

Si au lieu de former le régiment en bataille, en avant, on veut le former fur la droite, fans rien changer à fon ordre naturel, on commandera:

SEPTIÈME COMMANDEMENT.

1.
Prenez garde à vous.

2.
Sur la droite, formez le régiment en bataille.

3.
Marche.

Si le régiment eft en colonne par efcadron, le premier efcadron fera un *quart de converfion à droite*, marchera douze pas en avant, & fera *halte*; le fecond efcadron marchant toujours directement devant lui, fera de même un *quart de converfion à droite*, dès que fon premier rang aura dépaffé la file de la gauche du premier efcadron, de la moitié du front d'un efcadron, & il fe portera enfuite fur l'alignement du premier efcadron, où il fera *halte*, les deux autres efcadrons exécuteront fucceffivement la même manœuvre, fe réglant fur celui qui les précèdera.

Si le régiment est en colonne par compagnie, la première compagnie exécutera la même manœuvre prescrite ci-dessus pour le premier escadron, celle qui suivra marchant directement devant elle, exécutera le même mouvement, dès que son premier rang sera à la hauteur de la file de la gauche de la première compagnie ; mais la troisième compagnie de la colonne, n'exécutera son mouvement qu'après avoir dépassé d'un demi-escadron la file de la gauche de la compagnie qui viendra de se former : toutes les compagnies suivantes observeront (relativement à la place qu'elles devront occuper) l'une ou l'autre règle.

Si le régiment est en colonne par division, on se conformera aux mêmes principes, pour garder l'intervalle prescrit entre les escadrons.

Lorsqu'on marchera en colonne renversée, on se formera sur la gauche par les mêmes règles qui viennent d'être indiquées pour se former sur la droite.

Si au lieu de former le régiment successivement en bataille sur la droite, on veut le former par un *à droite* ou par un *à gauche*, on commandera :

HUITIÈME COMMANDEMENT.

1.

Prenez garde à vous.

2.

Escadron, à droite, en bataille,

ou
escadron,
compagnie, } *à gauche, en bataille.*
division,

3.

Marche.

CHAQUE escadron fera un *quart de conversion à droite*, ou si c'est à gauche, chaque escadron, compagnie ou division étant en colonne, fera un *quart de conversion à gauche.*

Lorsqu'on voudra former le régiment obliquement en bataille, par rapport à la direction qu'il aura étant en colonne, on commandera :

NEUVIÈME COMMANDEMENT.

1.

Prenez garde à vous.

2.

escadron, compagnie, division, } *obliquement, en bataille, sur la gauche,*
ou
obliquement, en bataille, sur la droite.

3.

Marche.

Si c'est sur la gauche, le premier escadron de la colonne fera un *demi à gauche*, après lequel il sera *halte*, les autres escadrons feront en même temps un *demi à gauche* plus ou moins pour se porter ensuite en avant & se former successivement à la gauche les uns des autres sur l'alignement du premier escadron.

Si c'est au contraire à droite, on exécutera la même manœuvre par des mouvemens contraires.

Lorsqu'on sera en colonne par compagnie ou division, chaque compagnie ou division exécutera ce qui vient d'être prescrit pour chaque escadron.

Lorsqu'un régiment sera en colonne, & qu'on voudra le former en bataille en arrière, on fera les commandemens suivans.

DIXIÈME COMMANDEMENT.

1.

Prenez garde à vous.

2.

En arrière, formez le régiment en bataille.

3.

Marche.

Le quatrième escadron, s'il se trouve avoir la queue de la colonne, fera demi-tour *à gauche*, se portera huit pas en avant & fera *halte*, les autres escadrons feront en même temps chacun un *à gauche & demi*, pour venir diagonalement se former succeſſivement à la droite les uns des autres, ſe conformant d'ailleurs à ce qui eſt preſcrit ci-devant pour former un régiment en bataille en avant.

Dans le cas où le régiment marcheroit en colonne renverſée, & que le premier eſcadron auroit la queue de la colonne, on exécuteroit cette manœuvre par des mouvemens contraires, puiſqu'alors les eſcadrons qui auroient la tête de la colonne devroient ſe porter vers leur droite pour former le régiment dans ſon ordre naturel.

Si l'on eſt en colonne par compagnie ou diviſion, chaque compagnie ou diviſion exécutera ce qui vient d'être preſcrit pour chaque eſcadron.

Lorſqu'on aura à ſe mettre en bataille ſur un terrain plus reculé que celui qu'on occupera en colonne, on fera faire une *demi-converſion* à chaque troupe de la colonne, pour ſe porter juſque ſur le terrain qu'on voudra occuper, & ſe mettre enſuite en bataille en avant.

SEPTIÈME MANŒUVRE.

DES CHANGEMENS DE FRONT.

LORSQU'ON voudra changer le front d'un régiment en bataille, & lui faire faire *face* à l'un des flancs, au lieu de faire faire le *quart de converſion* à tout le régiment enſemble, on ſe conformera à la manœuvre ſuivante qui remplira le même objet avec plus de célérité & moins de difficulté.

PREMIER COMMANDEMENT.

1.

Prenez garde à vous.

2.

Eſcadron $\begin{cases} \textit{ſur la droite} \\ \textit{ou} \\ \textit{ſur la gauche} \end{cases}$ *changez le front du régiment.*

3.

Marche.

Si c'eſt ſur la droite, le premier eſcadron fera à *droite*;

ce qui étant exécuté, il fera *halte*, les autres escadrons feront en même temps chacun un *demi-quart de conversion à droite*, pour se porter (indépendamment les uns des autres) diagonalement vers la droite, & se former successivement à la gauche les uns des autres & sur l'alignement du premier escadron, observant les intervalles prescrits.

Lorsqu'on voudra faire *face* vers la gauche, on se conformera aux mêmes principes par des mouvemens contraires.

Si au lieu de faire *face* à l'un des flancs, on ne veut seulement qu'avancer un peu la droite ou la gauche, ou bien la reculer, on se conformera à ce qui suit.

Lorsqu'on voudra avancer la droite, on fera faire à l'escadron de la gauche un *demi à gauche*, plus ou moins selon le degré où l'on voudra porter la droite, après quoi on commandera :

Deuxième Commandement.

I.

Prenez garde à vous.

2.

Escadrons, observez l'alignement de la gauche.

3.

Marche.

Les autres escadrons se porteront en avant (indépendamment les uns des autres) sur l'alignement de l'escadron de la gauche, où ils feront *halte* à mesure qu'ils y arriveront.

Si au lieu d'avancer la droite, on veut avancer la gauche, on se conformera aux mêmes principes par des mouvemens contraires.

Lorsqu'on voudra reculer la droite, on commencera par mettre le régiment en colonne par un *à gauche* par escadron, après quoi on commandera, *escadron, obliquement en bataille sur la gauche*; l'escadron qui aura la tête de la colonne fera un *demi à gauche* plus ou moins, selon le degré où l'on voudra porter la droite (qui deviendra gauche alors) & les autres escadrons se porteront en même temps sur son alignement, après quoi chaque escadron fera *face en tête* par une *demi-conversion*.

On pourra encore exécuter cette manœuvre de la manière suivante.

Après que l'on aura mis le régiment en colonne par un *à gauche* par escadron, on formera l'ordre oblique sur la gauche, ainsi qu'il est expliqué à la neuvième manœuvre, après quoi on se remettra *face en tête* par un *à droite & demi* par escadron.

On exécutera les mouvemens contraires lorsqu'on voudra reculer la gauche.

Lorsqu'une ligne composée de plusieurs régimens sera dans le cas de changer son front & de faire un mouvement sur son centre; si c'est à droite, on fera faire *demi - tour à gauche* par compagnie ou division aux escadrons de l'aile droite, après quoi les deux escadrons du centre feront ensemble un *à droite* ou un *demi à droite* sur le centre; ceux des ailes feront en même temps chacun un *demi à droite*, pour se porter en avant (indépendamment les uns des autres) sur l'alignement des escadrons du centre, où ils feront un second *demi à droite* à mesure qu'ils y arriveront; les escadrons de l'aile droite feront ensuite *face en tête* par un second *demi-tour à gauche* par compagnie ou division.

On observera, si la ligne étoit formée en muraille, de faire cette demi-conversion *à droite*, au lieu de la faire *à gauche*.

HUITIÈME MANŒUVRE.

DE LA MARCHE DIAGONALE, SOIT EN BATAILLE
OU EN COLONNE.

LORSQU'ON voudra changer la position d'un régiment en bataille, & le porter diagonalement vers la droite ou vers la gauche, on commandera:

PREMIER COMMANDEMENT.

I.

Prenez garde à vous.

2.

6

$$6_{1}$$

2.

escadron, }
compagnie, } *demi à droite* ou *demi à gauche.*

3.

Marche.

Si on a commandé un *demi à droite,* après que chaque
escadron (ou compagnie) l'aura exécuté, toute la ligne
marchera diagonalement *en avant* en ordre de bataille brisé
(*ou* oblique) jusque sur le terrain où on voudra la porter,
après quoi on commandera :

DEUXIÈME COMMANDEMENT.

1.

Prenez garde à vous.

2.

En bataille.

3.

Marche.

CHAQUE escadron se remettra en bataille faisant *face en
tête* par un *demi à gauche.*

Lorsqu'un régiment sera en colonne par escadron, compagnie *ou* division, & qu'on voudra porter la colonne
toute ensemble diagonalement sur la droite ou sur la
gauche, on commandera :

TROISIÈME COMMANDEMENT.

1.

Prenez garde à vous.

2.

Portez la colonne sur la droite (ou sur la gauche).

3.

Marche.

Si c'est sur la droite, & que l'on soit en colonne par

escadron, chaque escadron fera un *demi à droite*, & se portera ensuite directement devant lui, marchant tous à même hauteur.

Le Commandant de chaque escadron observera, en marchant, que la file gauche de son escadron se maintienne plus ou moins vis-à-vis la file droite de l'escadron qui le précèdera, & ainsi que cela se trouvera déterminé après le *demi-quart de conversion*, relativement au front des escadrons.

Lorsque la colonne sera arrivée dans cet ordre sur le terrain où on aura voulu la porter, on commandera :

QUATRIÈME COMMANDEMENT.

I.

Prenez garde à vous.

2.

Formez la colonne.

3.

Marche.

CHAQUE escadron fera alors un *demi à gauche* pour reformer la colonne, qui continuera de marcher directement en avant.

NEUVIÈME MANŒUVRE.
DE L'ORDRE OBLIQUE.

L'ORDRE oblique, est mitoyen entre l'ordre de bataille ou celui d'être formé en colonne.

Dans l'ordre oblique, chaque escadron doit être parallèlement en bataille en arrière l'un de l'autre & par échelon, ayant son front découvert, c'est-à-dire que la file droite de l'un doit dépasser d'environ deux pas (plus ou moins, relativement au plus ou moins de front des escadrons) la direction de la file gauche de celui qui le précède (en supposant que l'ordre oblique soit en rétrogradant de la droite à la gauche).

Cette manière d'être formé est la même que celle de la manœuvre précédente pour la marche diagonale, & il n'y a d'autre différence que celle de ne point changer sa direction, soit en bataille ou en colonne.

Cet ordre de marche est susceptible de plusieurs avantages, celui de refuser une droite ou une gauche, d'être préparatoire pour se mettre en bataille en avant, ou sur le terrain que l'on occupe alors, ou enfin celui de se remettre en colonne suivant que les circonstances peuvent l'exiger.

Pour former l'ordre oblique lorsqu'on sera en bataille, on fera les commandemens suivans :

PREMIER COMMANDEMET.

1.

Prenez garde à vous.

2.

Escadron, formez l'ordre oblique, en avant.

3.

Marche.

L'ESCADRON de la gauche ne bougera, les escadrons de la droite se porteront ensemble en avant, en gagnant un peu de terrain vers la gauche ; dès que le troisième escadron aura dépassé du front d'un escadron & deux ou trois pas de plus environ, l'alignement du quatrième escadron qui n'aura pas bougé, & que sa file gauche sera presque à hauteur de la file droite du quatrième escadron, il fera *halte*, le second escadron observera la même règle par rapport au troisième, & successivement le quatrième, &c.

Si au contraire on vouloit porter la gauche en avant, on en feroit mention dans le commandement, & l'on exécuteroit par la gauche ce qui vient d'être prescrit par la droite.

On pourra, au lieu de cette manière, exécuter la manœuvre prescrite pour avancer une droite ou une gauche ; après quoi on fera faire à chaque escadron un *demi-quart de converfion* pour faire *face en tête*, & alors on aura rempli le même objet.

Lorsqu'on voudra former l'ordre oblique en arrière du terrain que l'on occupera en bataille, soit pour reculer la gauche ou la droite, on fera mettre le régiment en colonne par un *à droite* par escadron (si c'est pour reculer la gauche) ; on formera ensuite l'ordre oblique sur la droite, ainsi qu'il est prescrit ci-après; après quoi on fera *face en tête* par un *quart de conversion* à gauche par escadron.

Pour former l'ordre oblique lorsqu'on sera en colonne, on fera les commandemens suivans :

DEUXIÈME COMMANDEMENT.

I.

Prenez garde à vous.

2.

Escadrons, { *sur la droite* ou *sur la gauche* } *formez l'ordre oblique.*

3.

Marche.

Si c'est sur la droite, le premier escadron continuera de se porter en avant en ralentissant son pas (ou si la colonne n'est point en marche, il se portera en avant du front & demi d'un escadron environ, & sera *halte*), les autres escadrons feront un *demi à droite*, plus ou moins pour marcher en avant, & à mesure qu'ils arriveront, & que leur file gauche aura dépassé d'environ deux pas la direction de la file de l'escadron qui les précèdera, ils feront successivement un *demi à gauche*, après lequel ils feront *halte*, ou continueront de marcher; observant deux ou trois pas environ de distance de plus que le front d'un escadron. l'ordre oblique étant formé, tous les escadrons marcheront le même pas au commandement qui en sera fait.

On pourra donner moins d'obliquité à cet ordre si on le juge à propos pour embrasser moins de terrain, on commandera pour cet effet de former l'ordre demi-oblique, & chaque escadron observera alors d'avoir sa file gauche à hauteur du centre de l'escadron qui le précèdera & de garder cinq ou six pas de distance de plus que le front d'un escadron.

On exécutera par la gauche, ce qui vient d'être prescrit par la droite, lorsqu'on voudra former l'ordre oblique sur la gauche.

Lorsqu'on voudra changer l'ordre oblique en ordre de bataille en ligne, tous les escadrons se porteront légèrement

en

en avant fur l'alignement du premier efcadron, obfervant leur intervalle ordinaire; fi au contraire on veut fe reformer en colonne, ils fe porteront diagonalement les uns derrière les autres jufqu'à fa hauteur du premier efcadron de la colonne pour marcher enfuite fur la même direction.

DIXIÈME MANŒUVRE.

UN RÉGIMENT ÉTANT EN BATAILLE, LE FORMER SUR UNE ou PLUSIEURS COLONNES.

PREMIER COMMANDEMENT.

1.

Prenez garde à vous.

2.

escadron,
compagnie, } *formez la colonne en avant.*
division,

3.

Marche.

Si c'eft par efcadron, le premier efcadron du régiment fe portera en avant, tandis que les autres feront chacun un *quart de converfion à droite*, & à mefure qu'ils arriveront à la hauteur du premier efcadron, ils feront fucceffivement *à gauche* pour marcher fur fa direction.

Lorfqu'on voudra former le régiment fur deux colonnes, on commandera :

DEUXIÈME COMMANDEMENT.

1.

Prenez garde à vous.

2.

compagnie, } *formez deux colonnes en avant.*
division,

3.

Marche.

Si c'eft par compagnie, la première compagnie de

chacun des premier & troisième escadrons, se porteront en avant, tandis que les autres feront chacune un *quart de conversion à droite*, & à mesure qu'elles arriveront à la hauteur de la compagnie qui aura la tête de leur colonne, elles feront successivement *à gauche* pour marcher sur la même direction.

Pour former le régiment sur quatre colonnes, on commandera :

TROISIÈME COMMANDEMENT.

1.

Prenez garde à vous.

2.

Division, en avant, formez chaque escadron en colonne.

3.

Marche.

LA première division de chaque escadron se portera en avant, & les autres divisions feront chacune *à droite*, & à mesure qu'elles arriveront à hauteur de la première, elles feront *à gauche* pour marcher sur sa direction.

Au lieu de cette manœuvre, on pourra faire *à gauche* par escadron, & ensuite *à droite* par division.

Lorsqu'ensuite on voudra se remettre en bataille, on se conformera aux principes qui sont établis dans les différens commandemens de la septième manœuvre.

ONZIÈME MANŒUVRE.

DES DOUBLEMENS DE DIVISIONS.

LORSQU'ON voudra augmenter la profondeur des escadrons, en diminuant leur front, on fera les commandemens suivans.

1.

Prenez garde à vous pour doubler les divisions.

2.

Marche.

La seconde & la quatrième division de chaque escadron reculeront jusqu'à ce que la tête des chevaux du premier rang aient dépassé la croupe des chevaux du second rang des divisions qui n'auront pas bougées.

3.
Appuyez sur le centre.

4.
Marche.

La première division de chaque escadron appuiera à gauche pour se joindre à la troisième qui ne bougera, & la quatrième appuiera à droite pour se joindre à la seconde.

Le Lieutenant de la gauche reprendra sa place au premier rang, & les Sous-lieutenans se placeront sur l'alignement du troisième rang.

Lorsqu'on exécutera ce mouvement en marchant, la seconde & la quatrième division de chaque escadron feront *halte* jusqu'à ce qu'elles soient dépassées par les deux autres.

La première & la quatrième division de chaque escadron se joindront ensuite aux autres par le pas oblique.

Pour dédoubler les divisions, on commandera :

1.
Prenez garde à vous pour dédoubler les divisions.

2.
Marche.

La première division de chaque escadron appuiera à droite de tout son front pour démasquer la seconde, & la quatrième division appuiera de même à gauche.

Le Sous-lieutenant de la droite & le Lieutenant de la gauche de chaque escadron appuieront de même, l'un à droite & l'autre à gauche, pour être à portée de reprendre leurs places.

3.
Alignement.

La seconde & la quatrième division se porteront en

avant sur l'alignement des deux autres, & les Officiers reprendront la place qui leur est prescrite.

DOUZIÈME MANŒUVRE.

LE RÉGIMENT MARCHANT DE FRONT EN BATAILLE,
SERRER LES ESCADRONS SUR LE CENTRE DU RÉGIMENT,
POUR MARCHER EN MURAILLE, ET LES OUVRIR SUR LES AILES
POUR QU'ILS OBSERVENT LEURS INTERVALLES.

PREMIER COMMANDEMENT.

1.

Prenez garde à vous pour marcher en muraille.

2.

Escadron, appuyez sur le centre du régiment.

3.

Marche.

LES deux escadrons de la droite appuieront à gauche en marchant, & les deux escadrons de la gauche appuieront à droite jusqu'à ce qu'ils se soient joints vers le centre du régiment, pour marcher ensuite en avant sans intervalle entre eux.

Lorsqu'on voudra qu'ils observent leurs intervalles, on commandera :

DEUXIÈME COMMANDEMENT.

1.

Prenez garde à vous pour observer vos intervalles.

2.

Escadron, appuyez sur les ailes du régiment.

3.

Marche.

LES deux escadrons de la droite appuieront à droite, & les deux escadrons de la gauche appuieront à gauche jusqu'à ce qu'ils aient entre eux l'intervalle prescrit.

Pour parvenir à exécuter cette manœuvre avec précision, & n'être pas dans le cas de revenir sur ses pas pour

avoir

avoir embraffé trop de terrain, la file de la gauche du fecond efcadron (autrement dit *le guide*) & la file de la
droite du troifième efcadron qui fe trouveront au centre
du régiment, auront attention dès qu'ils jugeront qu'ils
feront affez éloignés l'un de l'autre, de ne plus appuyer
vers les ailes du régiment, mais de fe porter alors directement en avant, fans avoir égard aux Dragons qui pourroient s'éloigner d'eux.

La file de la gauche du premier efcadron & la file de la
droite du quatrième efcadron auront feules la même attention, l'une par rapport au deuxième, & l'autre par rapport
au troifième efcadron; chacune de ces files étant le guide
de fon efcadron, fervira de point d'alignement aux Dragons, qui obferveront ce qui a été preferit à cet égard dans
le chapitre des Principes généraux pour les manœuvres.

TREIZIÈME MANŒUVRE.

DE LA CHARGE CONTRE LA CAVALERIE.

UN efcadron chargera l'ennemi avec fuccès lorfqu'il
attaquera le flanc de l'efcadron qui lui fera oppofé ou qu'il
y fupléera par la plus grande rapidité.

On fera mettre le *fufil à la grenadière* pour charger
l'ennemi, & on commandera :

1.

Prenez garde à vous pour charger.

2.

Sabre à la main.

3.

Marche.

4.

Au trot.

AU premier commandement, les Dragons raffembleront leurs chevaux.

Au deuxième, ils mettront le fabre à la main.

Au troifième, ils ébranleront leurs chevaux au pas.

Au quatrième, ils les mettront au trot.

Lorsqu'ensuite la troupe ne sera plus qu'à cent pas
(environ) des ennemis, le Commandant dira :

5.

Haut le sabre, au galop.

A ce dernier commandement, les Tambours battront
la charge, & les Dragons portant leur sabre haut, mettront
leurs chevaux au galop, observant de rester toujours serrés
& bien alignés, pour arriver en ordre sur l'ennemi, lorsqu'ils en seront à portée ; ils s'élèveront sur leurs étriers
pour les charger à coups de sabre.

Si l'on parvient à repousser l'ennemi, le Commandant
détachera, s'il le juge nécessaire, la division de la droite
ou de la gauche de chaque escadron, pour les poursuivre
& les empêcher de se rallier.

La charge finie, le Commandant fera faire *halte* pour
reformer les escadrons, & fera aussitôt appeler pour faire
rentrer les divisions qui seroient à la poursuite des ennemis,
les Commandans des Corps ne devant jamais perdre de
vue qu'un des avantages le plus essentiel, dans un jour de
bataille, est de se rallier le plus promptement possible, pour
être toujours en état de faire face à l'ennemi ou de combattre
les nouvelles lignes qui pourroient se présenter.

QUATORZIÈME MANŒUVRE.

DE LA CHARGE CONTRE UNE LIGNE D'INFANTERIE.

QUAND un corps de Dragons sera chargé d'attaquer
une ligne d'Infanterie, il sera disposé sur autant de colonnes
que sa force le lui permettra, observant de diriger son
attaque, autant qu'il sera possible, sur les angles qui sont plus
avantageux à charger que le front.

La première disposition étant faite, la première, la
seconde, la troisième & même la quatrième troupe de
chaque colonne se serrant l'une sur l'autre & formant une
masse, s'ébranleront *au trot* & se mettront *au galop* lorsqu'elles seront à trois cents pas, pour s'abandonner sur

l'ennemi, au commandement *haut le fabre*; cette tête de colonne étant deflinée à percer la ligne d'Infanterie.

Quant aux autres troupes de chaque colonne, elles laifferont cent pas de diftance entr'elles & celles de la tête de leur colonne, deflinée comme il vient d'être dit à percer la ligne des ennemis.

Après que cette tête de chaque colonne aura traverfé la ligne des ennemis, elle fera *halte* à environ cent pas pour fe reformer, tandis que les autres troupes qui la fuivront à cent pas, comme il vient d'être preferit, tourneront *à droite & à gauche*, en pénétrant dans cette ligne ennemie, pour la prendre en flanc & achever d'y mettre le défordre, après quoi elles fe rallieront promptement pour fe mettre en état d'attaquer de la même manière la feconde ligne d'Infanterie, s'il y en avoit une.

Au lieu de cette difpofition, on pourra, fuivant les circonftances, former l'ordre oblique, ainfi qu'il eft preferit à la neuvième manœuvre, pour éviter que la colonne ne foit entièrement enfilée par le canon, & pour que chaque troupe étant démafquée n'ait aucun empêchement pour continuer à fe porter en avant, malgré le défordre qui pourroit arriver dans celle qui la précéderoit.

QUINZIÈME MANŒUVRE.

DU RALLIEMENT.

POUR apprendre aux Dragons à fe rallier & à fe reformer promtement, toutes les fois que les circonftances peuvent l'exiger à la guerre, on les enverra quelquefois *au fourrage*, en obfervant de n'exécuter jamais cette ma- nœuvre immédiatement après que les efcadrons auront marché en allant à *la charge*.

Lorfqu'on jugera à propos d'exécuter cette manœuvre, on fera battre *la berloque*, auquel fignal tous les Dragons fe difperferont en fourrageurs, mais le Commandant, l'Officier-major, le Porte-guidon avec le Brigadier &

l'Appointé de son escorte, ainsi que les deux Tambours de son escadron, qui ne s'abandonneront pas avec le reste de la troupe, iront se placer à la droite, à la gauche ou en arrière du terrain d'où sera parti l'escadron, afin d'accoutumer les Dragons à rechercher leur guidon & à s'y rallier.

Lorsqu'on voudra ensuite rallier le régiment, on ordonnera aux Tambours d'*appeler*, & alors les Dragons se rallieront promptement à leur guidon, en reprenant le plus diligemment qu'il sera possible leur rang, par division & par compagnie.

SEIZIÈME MANŒUVRE.

SIMULACRE DE LA CHARGE.

POUR accoutumer les chevaux au bruit des armes, on fera mettre une compagnie ou un escadron vis-à-vis de l'autre à environ cent pas; on fera sortir ensuite plusieurs Dragons de chacune de ces troupes, pour s'avancer les uns vis-à-vis des autres le sabre à la main, ils croiseront le sabre avec leur ennemi en gagnant la croupe & se tournant réciproquement, & après s'être éloignés de quelques pas, ils laisseront pendre leur sabre au poignet par le cordon, tireront leur pistolet & reprendront leur sabre, ils marcheront ensuite deux pas en avant pour appaiser leurs chevaux, & reviendront prendre leur place dans la troupe en passant par-derrière.

Lorsque les Dragons auront été ainsi exercés en détail, on fera mettre ces deux troupes, chacune sur un rang à files ouvertes, pour marcher en totalité ou en partie, vis-à-vis l'une de l'autre; l'une de ces troupes ayant le pistolet apprêté pour faire *feu* au commandement qui en sera fait; ces deux troupes passeront dans les intervalles l'une de l'autre, & iront se reformer à cinquante pas, se faisant face par un *demi-tour à droite* par file; on répétera une seconde fois la même manœuvre, & alors la troupe qui n'aura point fait *feu*, tirera à son tour; ce qui étant exécuté, ces deux troupes reviendront une troisième fois à la charge, le *sabre haut*, chaque Dragon croisant le sabre en arrivant sur le Dragon (de la troupe opposée) qui sera vis-à-vis sa droite, & se tourneront réciproquement pour ensuite revenir se former par un *demi-tour à droite* par file sur le terrain d'où ils seront partis.

Lorsqu'on voudra charger à files serrées, on fera marcher en ordre de bataille un escadron (*ou* une compagnie) vis-à-vis de l'autre pour se charger le *sabre haut*, les Tambours battant *la charge*; dès qu'ils seront arrivés à la portée du sabre, les Dragons des premiers rangs s'élèveront sur leurs étriers, & feront cliqueter leur sabre pendant une minute environ, & à plusieurs reprises, pour accoutumer les chevaux à ce bruit; après quoi l'une des deux troupes fera sa retraite (ce qui s'exécutera en faisant faire *demi-tour à droite* par file au second rang & ensuite au premier), & ira se rallier à cent cinquante pas environ, où s'étant remis en ordre, elle reviendra à la charge, & sera victorieuse à son tour.

La troupe sensée victorieuse suivra quelques pas celle qui se retirera, après quoi elle fera *halte*.

On fera aussi marcher une troupe vis-à-vis de l'autre, le pistolet apprêté pour faire *feu*; ces deux troupes observant de se porter quelques pas en avant après que l'une des deux aura fait *feu*, & de ne se retirer l'une ou l'autre, qu'après que les chevaux seront appaisés. On recommandera aux Dragons de tirer en l'air, crainte d'accidens.

Cette charge finie, on fera remettre les escadrons en bataille, comme ils étoient auparavant.

DIX-SEPTIÈME MANŒUVRE.

DU PASSAGE D'UN DÉFILÉ
EN PRÉSENCE DE L'ENNEMI.

LORSQU'UN régiment (*ou* une troupe) se trouvera dans le cas de passer un défilé, le Commandant le fera former en bataille vis-à-vis du défilé, sans aucun intervalle entre les escadrons; & comme ce défilé peut être de plusieurs espèces, une gorge de montagnes escarpée de toutes parts, un chemin dans un bois, &c. le Commandant fera passer son avant-garde, pour être instruit de ce qui pourroit se trouver de l'autre côté du défilé; après quoi il fera les commandemens nécessaires pour rompre le régiment par la droite ou par la gauche; mais si le défilé se trouve vers le centre, il fera passer l'escadron qui en sera le plus à portée, & alternativement ceux de droite & de gauche.

Lorsqu'une ligne, composée de plusieurs régimens, devra passer un défilé, le régiment qui en sera le plus à portée, passera de même le premier, & alternativement ceux de droite & de gauche, pour se reformer dans le même ordre au-delà du défilé.

Si le défilé ne pouvoit contenir une division de front, on feroit marcher par quatre; de même que s'il étoit plus large, on passeroit par compagnie.

Les rangs seront toujours très-serrés en passant un défilé; ils le passeront lestement (s'il est d'une petite étendue) & s'avanceront au trot pour former tout de suite le régiment en bataille.

Dès que la dernière division de la colonne entrera dans le défilé, l'arrière-garde se disposera à le passer.

DU PASSAGE D'UN DÉFILÉ EN ARRIÈRE.

QUANT au passage d'un défilé en arrière, on y arrive en bataille ou en colonne. Si l'on y arrive en bataille, on continuera de marcher jusqu'à cinquante pas environ du défilé, que l'on tâchera de mettre derrière le centre, observant de faire serrer les escadrons en muraille; & après avoir fait *halte*, on fera *face en tête* par un *demi-tour à droite* par escadron, compagnie, &c.

La troupe qui faisoit l'avant-garde sera destinée à faire l'arrière-garde, & celle qui faisoit l'arrière-garde sera deſtinée à faire l'avant-garde, & feront placées l'une en avant, & l'autre en arrière du régiment.

Le Commandant fera enſuite les commandemens né-ceſſaires pour repaſſer le défilé par les eſcadrons des ailes, qui ſe rompront alternativement de droite & de gauche, ou (ſi la ligne étoit compoſée de pluſieurs régimens) par les régimens des ailes; & celui qui ſe trouvera vis-à-vis le défilé, paſſera le dernier.

Dans le cas où le défilé ſe trouveroit derrière l'aile droite, on ſe romproit en arrière par la gauche, & l'aile droite paſſeroit le défilé la dernière; ſi au contraire le défilé ſe trouvoit derrière l'aile gauche, on ſe romproit en arrière par la droite, & l'aile gauche paſſeroit le défilé la dernière.

Si les circonſtances exigeoient de former le régiment en bataille, faiſant face au défilé après l'avoir repaſſé par les ailes, le premier eſcadron, en arrivant ſur l'alignement où l'on devroit ſe former, longeroit vers la gauche, & feroit enſuite *face au défilé* par un *à gauche* par diviſion ; le quatrième eſcadron en feroit de même par la droite, le ſecond exécuteroit la même manœuvre que le premier eſcadron, & le troiſième ſe formeroit en avant ſur le terrain qu'il devroit occuper, pour enſuite faire *face en tête* par un *demi-tour à droite* par diviſion.

DIX-HUITIÈME MANŒUVRE.

RETRAITE.

ON fera marcher environ vingt-cinq pas en avant la compagnie de la droite de chaque eſcadron, pour en former une première ligne qui ſe ſerrera ſur ſon centre en marchant, pour obſerver un ordre de bataille tant plein que vide ; après quoi la compagnie de la gauche fera *demi-tour à droite* par diviſion ou par file : le Capitaine de ſerre-file de chaque eſcadron s'étant placé à la tête de ſa compagnie, marchera au petit trot juſqu'à cent pas environ derrière la première ligne (compoſée, comme il vient d'être dit, de la compagnie de la droite de chaque escadron) où il se remettra *face en tête* par un second *demi-tour à droite*, se plaçant vis-à-vis les intervalles de la première ligne.

Dès que la seconde ligne se sera reformée, la première ligne fera les mêmes mouvemens par division, &c. & marchera au petit trot pour passer dans les intervalles de la seconde ligne; la première compagnie (qui se trouvera alors à la gauche) observant de passer en dehors des intervalles de la seconde ligne.

Lorsque la première ligne sera prête d'arriver dans les intervalles de la seconde, celle-ci se portera doucement sept ou huit pas en avant, & sera *halte* jusqu'à ce que la première ligne se sera reformée à cent pas environ derrière elle ; alors elle fera *demi-tour à droite* pour se retirer dans le même ordre derrière la première ligne.

Lorsque plusieurs régimens formés sur deux lignes seront obligés de faire des mouvemens rétrogrades, les escadrons de la première ligne seront *demi-tour à droite* par division ou par file pour se retirer à cent pas environ derrière la seconde ligne, & se placer ainsi qu'il vient d'être prescrit, vis-à-vis les intervalles de la seconde ligne; la seconde ligne se retirera ensuite derrière la première, & successivement autant de fois que les circonstances l'exigeront.

On détachera, s'il est nécessaire, une division de chaque escadron qui se portera en avant pour contenir les ennemis, faire avec eux le coup de pistolet & favoriser la retraite.

On se servira par préférence du *demi-tour à droite* par file pour les mouvemens rétrogrades, & principalement dans le cas où une troupe auroit chargé & se seroit mis dans l'espèce de désordre inévitable à la suite d'une charge; en conséquence, on exercera les Dragons à cette manœuvre, qui s'exécutera à rangs serrés & de la manière suivante.

DIX•NEUVIÈME

DIX-NEUVIÈME MANŒUVRE.

DU DEMI-TOUR À DROITE PAR FILE.

LES Dragons de chaque compagnie devant être comptés par deux, ainsi qu'il a été preſcrit ci-devant à l'aſſemblée des compagnies, il ſera établi qu'on ne les ſera jamais ſe recompter une ſeconde fois pendant tout le temps qu'ils reſteront à cheval, quand même ils s'en ſeroient abſentés depuis; en conſéquence, ceux qui ſe feront comptés un ou deux exécuteront toujours ce qui ſera preſcrit pour les nombres impairs ou pairs, en ſuppoſant même qu'il s'en trouveroit quelqu'un du même nombre à côté l'un de l'autre.

1.

Prenez garde à vous, pour doubler vos files.

2.

Dragons, demi-tour à droite.

3.

Marche.

AU deuxième commandement, les Dragons impairs du premier rang de chaque compagnie, ſe porteront en avant de la longueur d'un cheval, & tous les Dragons pairs du ſecond rang reculeront de la longueur d'un cheval; le Lieutenant de la droite de chaque eſcadron ne changera point de place, mais le Sous-lieutenant reculera de la longueur d'un cheval; ce ſera le contraire pour les Officiers de la gauche de chaque eſcadron.

Auſſitôt que les files ſeront doublées, on fera le troiſième commandement, *Marche;* auquel chaque Dragon fera *demi-tour à droite* ſans trop précipiter ce mouvement, & faiſant face alors en arrière, ceux qui ſe trouveront au ſecond rang rentreront dans les intervalles du premier; ceux du troiſième rang (ſans attendre que ceux du quatrième les aient rejoints) ſe ſerreront auſſitôt ſur le premier, & ceux du quatrième rang rentreront dans leurs intervalles pour reformer le ſecond rang.

La même règle s'observera pour revenir sur ses pas ; les mêmes Dragons qui auront doublé leur file en avant, les doubleront en arrière, puisqu'ils se trouveront alors au second rang, & ceux qui les auront doublé en arrière, les doubleront en avant.

Lorsqu'on voudra faire faire le *demi-tour à droite* par file à une troupe qui sera en mouvement, on lui fera faire *halte* avant de le lui faire exécuter, & dès qu'il le sera, la troupe continuera de marcher ; mais si la troupe étoit de pied-ferme avant de l'avoir exécuté, elle ne se porteroit ensuite en avant qu'au commandement, *Marche*.

VINGTIÈME MANŒUVRE.

METTRE PIED À TERRE POUR COMBATTRE.

LORSQU'UN régiment de Dragons sera dans le cas de mettre pied à terre pour attaquer un poste, défendre un défilé, &c. le Commandant détachera une troupe suffisante, commandée par le Quartier-maître, ou en son absence par le dernier Officier, pour la garde des chevaux ; il sera ensuite serrer les escadrons sur le centre du régiment pour ne laisser entre eux que six pas d'intervalle, après quoi il fera cet avertissement :

Prenez garde à vous pour combattre à pied

A cet avertissement, les Dragons qui devront mettre pied à terre passeront leur sabre en bandoulière, & mettront ensuite le fusil à la grenadière ; après quoi le Commandant fera les commandemens suivans :

1.

Préparez-vous pour mettre pied à terre.

A ce commandement, les deux Dragons du centre de chaque division resteront à cheval, & tous les autres mettront pied à terre, ainsi qu'il est prescrit ci-après à la suite de la vingt-deuxième manœuvre.

2.

Reprenez vos rangs.

TOUS les Dragons reprendront leurs rangs & attacheront

leurs chevaux par les rênes de la bride au montant de la têtière du cheval, qui sera vers le centre de la division, faisant le nœud de façon que la bride embrasse la muserolle & le montant de la têtière, le bout des rênes passé dans la boucle du nœud, & le cheval attaché à un pied de longueur environ.

Les Dragons du centre de chaque division, qui seront restés à cheval, prendront les rênes du cheval de leur voisin qui aura mis pied à terre, celui de la droite conduira les chevaux de la droite, & celui de la gauche conduira ceux de la gauche; ils croiseront leurs rênes dans la main dont ils mèneront leurs chevaux, & prendront de la même main le bout des rênes du cheval de main, les soutenant de l'autre main près du mors, les ongles en dessus.

Les Dragons ayant attaché leurs chevaux, se porteront à un pas en avant du rang, tournant le dos à leurs chevaux; ils ôteront le fusil de la grenadière & porteront leurs armes.

3.

Dragons, en bataille.

LES Dragons du premier rang marcheront en avant pour se former sur le terrain qui leur sera indiqué, & ceux du second rang passant par les ailes de leurs escadrons, iront se former derrière eux: savoir, ceux de la compagnie de la droite de chaque escadron en défilant par la droite, & ceux de la compagnie de la gauche en défilant par la gauche.

Le régiment étant formé, les Officiers & Maréchaux-des-logis prendront les places qui leur sont indiquées ci-après dans la formation à pied.

Le régiment étant prêt à marcher, le Commandant fera mettre la baïonnette au bout du canon s'il le juge à propos, & fera exécuter les manœuvres nécessaires suivant les circonstances, se conformant à cet égard à ce qui est prescrit ci-après pour les évolutions à pied.

Lorsque le Commandant voudra faire remonter à cheval, il fera faire *demi-tour à droite*, & la troupe étant arrivée à quinze pas environ des chevaux, il commandera:

I.

Dragons, à cheval.

A ce commandement, le second rang, qui sera alors le premier, ira rejoindre ses chevaux par le côté de l'escadron où il sera venu se mettre en bataille, & le premier rang, qui sera le second, continuera de marcher devant lui, tous les Dragons remettant la baïonnette & passant le fusil à la grenadière en marchant; lorsqu'ils seront arrivés à leurs chevaux, ils les détacheront, les nombres pairs reculeront de la longueur d'un cheval, ils passeront les rênes sur le cou, monteront à cheval & reprendront leur rang, ce qui étant exécuté, on fera reprendre les intervalles aux escadrons.

Le Commandant fera ensuite les commandemens nécessaires pour remettre le fusil en son lieu, & ensuite le sabre à la ceinture.

Si un régiment étoit obligé de se battre en retraite en rejoignant ses chevaux, il seroit protégé par la troupe qui seroit restée à cheval, laquelle avanceroit pour charger les ennemis, le Commandant détacheroit, s'il le jugeoit nécessaire, un escadron ou deux pour aller légèrement rejoindre ses chevaux & revenir ensuite secourir le reste du régiment.

Lorsqu'un régiment ou un corps de Dragons à cheval se trouvera obligé de faire des mouvemens rétrogrades, & qu'il aura un pont, un bois, ou autre défilé à passer, le Commandant détachera d'avance un nombre suffisant de Dragons pour aller légèrement mettre pied à terre & s'emparer du défilé: dans ce cas, sur trois Dragons, il en restera un à cheval pour mener en main & sauver au-delà du défilé les chevaux des Dragons qui auront mis pied à terre.

VINGT-UNIÈME MANŒUVRE.

BORDER LA HAIE.

Pour border la haie par compagnie, sans rien déranger

à la

à la formation des divisions, on fera mettre le régiment en colonne par un *à gauche* par compagnie; après quoi on commandera:

PREMIER COMMANDEMENT.

1.

Prenez garde à vous.

2.

Sur un rang, formez les divisions.

3.

Marche.

LE second rang de la première division & le premier rang de la seconde ne bougeront; le premier rang de la première division appuiera à droite, & le second rang de la seconde division appuiera à gauche; le second rang de chaque division se portera ensuite en avant pour se former à la gauche du premier & sur le même alignement.

Lorsqu'ensuite on voudra remettre les divisions sur deux rangs, on commandera:

DEUXIÈME COMMANDEMENT.

1.

Prenez garde à vous.

2.

Sur deux rangs, formez les divisions.

3.

Marche.

LE second rang de chacune des première & seconde divisions reculera; le premier rang de la première division appuiera ensuite à gauche, & le second rang de la seconde division appuiera à droite.

Lorsqu'on fera border la haie pour une revue d'Inspecteur ou de Commissaire, on exécutera cette manœuvre par compagnie, sans rien déranger à l'ordre d'ancienneté des Dragons, & on fera les commandemens ci-après:

TROISIÈME COMMANDEMENT.

1.

Prenez garde à vous.

2.

Par compagnie, bordez la haie.

3.

Marche.

Le premier rang de toute la compagnie ne bougera, le second rang appuiera à gauche pour se former à la gauche du premier & sur le même alignement.

Lorsqu'ensuite on voudra se remettre sur deux rangs, on commandera :

QUATRIÈME COMMANDEMENT.

1.

Prenez garde à vous.

2.

Sur deux rangs, formez les compagnies.

3.

Marche.

Le demi-rang de la droite ne bougera, le demi-rang de la gauche reculera & appuiera ensuite à droite pour former le second rang.

On fera ensuite les commandemens nécessaires, pour remettre le régiment en bataille, comme il étoit avant de l'avoir mis en colonne.

Au lieu de cette manœuvre, on pourra se servir de la suivante pour border la haie par compagnie.

Le régiment étant en bataille, on fera marcher en avant le premier rang de chaque escadron, pour laisser entre lui & le second rang une distance du front d'une compagnie ; on commandera ensuite : *Par demi-rang d'escadron à gauche, marche* : ce qui étant exécuté, chaque compagnie se trouvera sur un rang.

Lorsqu'enfuite on voudra fe remettre fur deux rangs, on commandera : *Par demi-rang de compagnie à droite, marche*; après quoi on fera ferrer le fecond rang de chaque efcadron fur le premier.

VINGT-DEUXIÈME MANŒUVRE.

OUVRIR ET SERRER LES RANGS.

LORSQU'UN régiment fera en bataille, & qu'on voudra lui faire ouvrir les rangs, on commandera :

PREMIER COMMANDEMENT.

1.

Prenez garde à vous.

2.

Ouvrez vos rangs en avant.

3.

Marche.

LE premier rang partira feul, marchant le pas, & s'arrêtera après avoir fait quatre pas.

Si c'eft en arrière qu'on veut faire ouvrir les rangs, on commandera :

DEUXIÈME COMMANDEMENT.

1.

Prenez garde à vous.

2.

Ouvrez vos rangs en arrière.

3.

Marche.

LE premier rang ne bougera, le fecond rang reculera & s'arrêtera après avoir fait quatre pas.

Pour ferrer les rangs en avant, on commandera :

TROISIÈME COMMANDEMENT.

1.

Prenez garde à vous.

2.

Serrez vos rangs en avant.

3.

Marche.

LE premier rang ne bougera, le second rang se serrera sur le premier en se portant quatre pas en avant.

Lorsqu'on voudra faire reculer une troupe qui sera à cheval, on fera les commandemens ci-après :

1.

Prenez garde à vous.

2.

En arrière.

3.

Marche.

TOUTE la troupe reculera, mais très-doucement, pour conserver son ensemble, & ne s'arrêtera qu'au mot *halte.*

COMMANDEMENS POUR METTRE PIED À TERRE.

LORSQUE pendant les manœuvres, ou après les manœuvres, on voudra faire mettre pied à terre, on commandera :

1.

Prenez garde à vous.

2.

Préparez-vous pour mettre pied à terre.

3.

Pied à terre.

4. *Reprenez*

4.

Reprenez vos rangs.

Au deuxième commandement, les Dragons doubleront leur file en avant & en arrière, ainsi qu'il est prescrit au deuxième commandement du *demi-tour à droite* par file, après quoi ils prendront une poignée de crins & dégageront le pied droit de l'étrier.

Au troisième commandement, tous les Dragons mettront pied à terre, se réglant sur la droite ; ils rabattront ensuite les rênes pour les soutenir de la main gauche ; ils croiseront leurs étriers sur le cou du cheval, & raccourciront leurs rênes pour les tenir à pleine main de la main gauche, le pouce fermé dessus à environ un pied du bouton, la main appuyée sur le creux de l'estomac, la rêne du hors-montoir passant sur le bras & celle du montoir dessous, faisant face à leurs chevaux, qu'ils contiendront de la main droite par les rênes, à six pouces au-dessous des branches du mors.

Au quatrième commandement, ils quitteront les rênes de la main droite, feront tous *demi-tour à droite*, tournant le dos à leurs chevaux : les Dragons du premier rang qui n'auront pas bougé & qui se trouveront au second, s'avanceront pour entrer dans les intervalles du premier rang, & ceux du quatrième rang entreront dans les intervalles du second, observant d'avoir les talons joints.

Telles sont les manœuvres à cheval, auxquelles veut Sa Majesté que ses régimens de Dragons soient exercés ; mais Elle défend en même temps que toutes les fois qu'un régiment s'exercera en entier, on s'amuse au maniement des armes ou manœuvres particulières qui sont d'un trop long détail & qui doivent être réservées pour les exercices particuliers d'une compagnie ou d'un escadron. Il est bien plus essentiel d'apprendre à un régiment à marcher bien en ligne, en conservant exactement son ordre & ses intervalles, à charger avec la plus grande impulsion, à faire des quarts de conversion avec la plus grande célérité, & enfin à se rallier très-promptement toutes les fois que les circonstances l'exigeront.

COMPOSITION ET FORMATION
des Troupes destinées à aller en détachement ou à être portées en garde ordinaire.

LES troupes destinées à aller en détachement ou à être portées en garde ordinaire, devant être plus ou moins fortes, selon les diverses circonstances, seront composées, soit de cinquante hommes, soit de vingt-quatre ou de trente-deux hommes, pris également de toutes les compagnies; savoir, d'un Brigadier, un Appointé, quatre Dragons par compagnie, pour les troupes de cinquante hommes; & de trois ou quatre Dragons par compagnie (dont un Brigadier de chacune des quatre premières, & un Appointé de chacune des quatre dernières alternativement) pour les troupes de vingt-quatre ou de trente-deux hommes.

On commandera pour les troupes de cinquante hommes, un Capitaine, un Lieutenant, un Sous-lieutenant, quatre Maréchaux-des-logis, un Tambour & un Maréchal ; & pour les troupes de vingt-quatre ou de trente-deux hommes, un Lieutenant ou Sous-lieutenant, avec deux Maréchaux-des-logis & un Tambour.

On suivra le même ordre pour les détachemens à pied, excepté qu'il n'y marchera point de Maréchal.

Lorsqu'un détachement, soit à pied, soit à cheval, ne sera composé que de seize hommes, il sera commandé par un Sous-lieutenant ou par un Maréchal-des-logis; s'il n'est composé que de douze hommes, il sera commandé par un Maréchal - des - logis ; & lorsqu'il n'y aura que huit hommes, il sera commandé par un Brigadier, mais il ne marchera de Tambour qu'avec les Officiers.

Chaque troupe, pour se former en bataille, suivra son ancienneté par compagnie.

Dans un détachement de cinquante hommes, les Dragons de la première compagnie formeront le premier rang du premier quart de rang, & ceux de la cinquième formeront le second rang.

Les Dragons de la seconde & sixième compagnie formeront le second quart de rang dans le même ordre, ceux de la troisième & septième compagnie formeront le troisième quart de rang, & ceux de la quatrième & huitième compagnie formeront de même le quatrième quart de rang.

Les deux premiers quarts de rang formeront la première division, & les deux derniers quarts de rang formeront la seconde division.

Les Brigadiers & Appointés seront placés sur les ailes de chaque division & dans le même ordre qu'il a été expliqué ci-devant à la formation d'une compagnie.

Le premier Maréchal-des-logis sera placé en serre-file derrière le centre de la première division, le second Maréchal-des-logis, aussi en serre-file derrière le centre de la seconde division; le troisième Maréchal-des-logis sera placé à la droite du premier rang de la troupe, & le quatrième à la gauche de ce même rang.

Le Capitaine se placera à un pas en avant du centre du premier rang de la troupe, le Lieutenant se placera à la droite du Capitaine vis-à-vis le centre de la première division, & le Sous-lieutenant à la gauche vis-à-vis le centre de la seconde division, tous sur le même alignement.

Dans un détachement de vingt-quatre ou de trente-deux hommes, les Dragons de la première compagnie formeront de même le premier rang du premier quart de rang; & ceux de la cinquième, formeront le second rang, le Brigadier à la droite du premier rang, & l'Appointé à la droite du second.

Les Dragons de la seconde & sixième compagnie formeront de même le second quart de rang, avec cette différence, que le Brigadier sera placé à la gauche du premier rang, & l'Appointé à la gauche du second.

Les Dragons de la troisième & septième compagnie, formeront le troisième quart de rang dans le même ordre que le premier, & ceux de la quatrième & huitième compagnie formeront le quatrième quart de rang dans le même ordre que le second.

Les deux premiers quarts de rang formeront le demi-rang de la droite, & les deux derniers quarts de rang formeront le demi-rang de la gauche.

Le premier Maréchal-des-logis sera placé en serre-file derrière le centre de la troupe, & le second Maréchal-des-logis sera placé à la gauche du premier rang.

Le Lieutenant ou Sous-lieutenant commandant cette troupe, se placera vis-à-vis le centre, à un pas en avant du premier rang.

DES MANŒUVRES
pour une troupe destinée à aller en détachement, ou à être portée en garde ordinaire.

PREMIÈRE MANŒUVRE.

DÉFILER ou MARCHER PAR DEUX ou PAR TROIS.

Dans une troupe de cinquante hommes, comme dans une troupe de vingt-quatre ou de trente-deux hommes, chaque quart de rang étant sensé former une troupe, lorsqu'on fera défiler, le premier rang défilera de suite, & sera suivi du second.

A l'égard des *à droite*, des *à gauche*, des *demi-tours à droite*, des *demi-tours à gauche, &c.* on se conformera à ce qui a été prescrit ci-dessus pour les manœuvres d'un régiment.

DEUXIÈME MANŒUVRE.

DÉTACHER UNE AVANT-GARDE.

Lorsqu'il sera question de détacher une avant-garde d'une troupe de cinquante hommes, le Lieutenant marchera

en

coupe des fournitures réglées pour l'habillement ; il sera façonné dans la forme réglée pour la Cavalerie.

La casaque des Trompettes des régimens d'Hussards, sera bordée seulement d'un galon de neuf lignes de large, & garnie de chaque côté, sur le devant jusqu'à la poche, de six brandebourgs de galon de dix-huit lignes de large ; les manches seront bardées de sept bandes de galon de neuf lignes, cousues en dehors du bras, d'une couture à l'autre à distance égale ; il y sera employé une aune sept huitièmes de drap de couleur pour le dessus de la casaque, un neuvième de drap pour les paremens, quatre aunes de cadis large de cinq douze pour doublure, un tiers de toile rousse, de sept huitièmes de large pour les poches & les droits-fils, une douzaine & dix gros boutons pour garnitures, six aunes & demie de galon de livrée, fil & laine, de dix-huit lignes pour agrémens, & dix aunes & demie de neuf lignes pour bordé & galon des manches.

La veste des Trompettes sera façonnée avec onze douzièmes de drap, sans poches ni pattes, onze douzièmes de toile écrue de sept-huit pour doubler le corps, les manches ne devant pas l'être, & quatorze petits boutons pour le devant & les manches.

La culotte des Trompettes, sera de peau de daim ou d'autre espèce semblable, dont l'entretien, ainsi que la culotte de rechange en peau commune, sera à la charge desdits Trompettes, au moyen de quatre livres par année, qui seront délivrées à l'époque du mois de Septembre, sur la masse de vingt-quatre livres à chacun des Trompettes qui sera pourvu desdites culottes, & sera le décompte de ladite somme fait ainsi qu'il est plus amplement détaillé à l'article de la Cavalerie.

Il sera également observé pour les états de la situation des Masses dont les régimens doivent rendre compte, la même forme prescrite par ledit article.

Les bottes pour les Hussards, ne seront remplacées à *Bottes.* neuf qu'après deux années de service en temps de guerre, & elles dureront trois ans au moins en temps de paix.

DEVIS

DE LA PELISSE.

1 aune Drap vert, pour le dessus de la pelisse.

½ Toile de ⅞ pour poches & droits-fils.

10. Grosses ganses quarrées en fil pour trente-six agrémens ou boutonnières.

6. ¼ Galon de 3 lignes, pour border la pelisse.

1 Cordon fort, avec une olive mêlée de

6 Petites houppes en fil ou laine retors.

18 Gros boutons ronds.

36 Petits boutons demi-ronds.

1 Fourrure de mouton.

DE LA CULOTTE.

½ Drap rouge-garance.

⅔ Toile de ⅞ pour doublures.

1. Galon fil de 3 lignes, pour le tour des poches.

1. ⅓ Petit cordonnet plat en fil pour recouvrir les coutures du derrière de la culotte.

DE LA VESTE ou TOLMANN.

⅞ Drap pour le dessus de la veste.

1/10 Drap pour pattelettes aux manches.

¾ Toile de ⅞ pour doublures, poches & droits-fils.

9. ¼ Grosse ganse pour trente-six agrémens ou boutonnières.

7. Galon de 3 lignes, pour border la veste.

1. ⅛ de peau rouge de 6 pouces de hauteur, pour border la veste au pourtour.

18 Moyens boutons ronds.

36 Petits demi-ronds.

Écharpe de laine rouge-garance cordonnée, garnie de boutons de laine.

DU MANTEAU.

2 aunes ½ Drap pour manteau & capuchon.

DU PORTE-MANTEAU.

½ Tricot de 7/12

5/12 Treillis pour doublure.

1. ⅛ Petit galon de 9 lignes.

DE LA CASAQUE des Trompettes.

1. ⅞ Drap pour la casaque.

⅓ Drap pour paremens.

4. Cadis pour doublures.

⅓ Toile rousse de ⅞ pour doublures des manches, poches & droits-fils.

22 Gros boutons d'étain plats & unis.

6. ½ Galon fil & laine à la livrée large de 18 lignes, pour agrémens.

10. ½ Moyen idem, de 9 lignes, pour bordé.

DE LA VESTE.

11/12 Drap pour veste sans poches ni pattes.

11/12 Toile écrue de ⅞ pour doublure de veste & droits-fils, les manches ne devant point être doublées.

18 Petits boutons plats & unis.

Un chapeau bordé de galon de fil blanc, large de 16 lignes.

PRIX DES FAÇONS.

Pour Fourriers & Maréchaux-des-logis.	Pour Brigadiers & Hussards.	Pour Trompettes.
Pelisse.... 3ˡ 9ᶠ }...6ˡ 10ᶠ	Pelisse.... 3ˡ 5ᶠ }...6ˡ #	Habit.... 2ˡ 10ᶠ }...3ˡ
Veste.... 2. 4	Veste.... 2. #	Veste.... # 16
Culotte.... # 17	Culotte.... # 15	

Manteau....	#	15ᶠ
Porte-manteau....	#	8
Surtout....	1.	4
Gilet....	#	12

D R A G O N S.

Les juftaucorps des Fourriers, Maréchaux-des-logis, *Habillement.*
Brigadiers, Appointés & Dragons, feront façonnés à
la françoife, fuivant le modèle réglé; il fera employé
pour le deffus de chaque juftaucorps, y compris le
deffous des paremens, revers & collet, une aune fept
huitièmes de drap vert, d'une aune de large

Les paremens, collet & revers, feront exécutés dans
les couleurs prefcrites, & garnis de la quantité, efpèce
& pofition des boutons réglés pour chaque corps.

Les paremens feront d'environ quatre pouces de
hauteur; il y fera employé un quatorzième de drap ou
un cinquième de panne.

Les revers auront feize à dix-huit pouces de longueur
au plus, fur trois pouces ou environ de largeur, dans
la partie fupérieure la plus large, & il y fera employé
un quatorzième de drap ou un cinquième de panne.

Le collet fera de feize pouces de long, fur trois
pouces & demi de largeur, & il y fera employé un
trentième de drap ou un douzième de panne.

Le juftaucorps fera doublé avec trois aunes un quart
de cadis vert, de la largeur de cinq douzièmes, & trois
quarts de toile large de fept huitièmes pour les poches,
qui feront placées dans les plis, les droits-fils & la
doublure des manches; & s'il eft jugé plus à propos de
les doubler de cadis, il en fera donné trois quarts de
plus, & il fera fupprimé cinq douzièmes d'aune de toile.

Les veftes feront faites de drap chamois, fans
poches ni pattes marquées; elles feront tenues affez
longues pour arriver au premier bouton de la petite
patte de la culotte; il y fera employé une aune de drap
de la largeur d'une aune, une aune deux tiers de cadis
blanc pour doublure & un huitième de toile pour droits-
fils; les manches ne feront point doublées; elles ne

feront point garnies à l'avenir de pattelettes de drap de couleur; le devant de la veſte ſera garni de douze boutons.

Indépendamment du juſtaucorps & de la veſte ci-deſſus réglée, il ſera donné & remplacé par tiers au complet chaque année, les ſurtouts & gilets avec manches d'étoffe de laine croiſée, propre à porter lors du panſement des chevaux & dans les quartiers; & s'il eſt jugé plus utile pour la tenue & la commodité du Dragon, de remplacer leſdits ſurtouts par moitié chaque année, le Dragon, au moyen du vieux ſurtout, ſe fournira le gilet qui lui ſera néceſſaire, à l'effet de conſerver le grand uniforme & d'en prolonger la durée pour le temps de ſix années, dont le remplace-ment, après les trois premières années révolues, ſera fait par ſixième.

Il ſera employé pour chaque ſurtout, trois aunes un quart de ladite étoffe large de ſept douzièmes, une aune un tiers de toile pour poches & doublures, & dix gros boutons pour la garniture.

Il ſera fourni une aune deux tiers de ladite étoffe pour le gilet, un vingtième de toile pour droits-fils, & une douzaine de petits boutons.

Les marques diſtinctives ſur les ſurtouts des hautes-payes, ſeront à leur charge.

La culotte uniforme ſera de peau de daim, de cou-leur chamois, pour l'entretien de laquelle il ſera alloué chaque année au Dragon, ſur la maſſe de vingt-quatre livres, la ſomme de quatre livres, au moyen de laquelle il ſera tenu de pourvoir à la fourniture de ladite culotte & de celle de rechange en peau commune, en obſervant toutefois ce qui a été réglé pour la Cavalerie; il ſera également obſervé pour les états de la ſituation des maſſes, dont les régimens doivent rendre compte, la même forme preſcrite par ledit article.

Les gros boutons ſeront coulés en métal, à queue

de

des Brigadiers, & tous les Dragons rangés de même par ancienneté à la gauche des Appointés.

On fera les livrets de revues dans ce même ordre, sans rien changer d'ailleurs au rang que les compagnies doivent tenir dans l'escadron, ni à celui que les escadrons doivent tenir dans le régiment.

Les Guidons resteront pour ces revues, aux compagnies où ils sont attachés, mais les Porte-guidons ne seront compris que dans l'État-major du régiment.

Lorsque pour ces revues on voudra former les compagnies en haie, on se conformera à ce qui est prescrit ci-devant pour border la haie par compagnie; & lorsque l'Inspecteur ou le Commissaire arrivera à une compagnie, pour la passer en revue, les Officiers de ladite compagnie se porteront six pas *en avant*, & feront ensuite *face* à leur troupe.

Pour les revues d'inspection, le régiment restera en bataille, le *sabre à la main*, & les compagnies ne se formeront en haie que lorsque l'Officier général chargé de l'inspection en donnera l'ordre; mais pour les revues des Commissaires des guerres, ces compagnies seront disposées en haie avant l'arrivée du Commissaire, & le Commandant du corps ne fera point mettre le sabre à la main.

DE LA
PROMENADE DES CHEVAUX.

SOIT en garnison ou en quartier, lorsque le Commandant du corps, d'un escadron ou d'une compagnie, jugera nécessaire de faire promener les chevaux dans le temps où la rigueur de la saison ou que le mauvais temps ne permettront pas d'escadronner, les Dragons seront en sarreaux, en bonnets & n'auront point de sabre; les chevaux n'auront qu'une couverture & un bridon d'écurie, il y aura un Officier ou Porte-guidon & deux Maréchaux-des-logis à chaque compagnie: le premier de ces Maréchaux-des-logis marchera à la tête de la compagnie, le second Maréchal-des-logis à la queue, l'Officier n'aura point de place fixe, il se portera tantôt à la tête, tantôt à la queue & sur les flancs pour voir si les Dragons ne tracassent point leurs chevaux, s'ils marchent bien dans leur rang, & s'ils ont attention à ne point donner d'atteintes.

Cette promenade faite pendant une heure, on ramènera la troupe dans son quartier.

DE LA FORMATION À PIED.

LE corps des Dragons devant être considéré comme Cavalerie légère, presque toujours employé à cheval à la guerre, & comme Infanterie portative, propre à l'attaque & à la défense d'un poste, il est essentiel d'assimiler la formation à pied à celle qui lui est prescrite à cheval, pour qu'il puisse se former légèrement en avant de ses escadrons, sans être assujetti à de nouveaux calculs, qui, dans ce moment, seroient contraires à la célérité avec laquelle on doit être prêt à combattre.

En conséquence, lorsqu'un régiment de Dragons prendra les armes à pied pour s'exercer, ou qu'il mettra pied à terre en avant de ses escadrons pour combattre, il se formera toujours sur deux rangs; mais pour exercer quelquefois sur une plus grande profondeur, on fera doubler les divisions, afin de le mettre à quarré de hauteur.

La formation à pied aura deux objets.

1.º Celui de répéter à pied les manœuvres que l'on doit exécuter à cheval.

2.º Celui de combattre à pied.

Dans le premier cas, on suivra dans tous les points ce qui a été prescrit pour la formation à cheval.

Dans le second cas, on n'observera aucun intervalle entre les escadrons, & il n'y aura de différence dans la formation, que celle qui suit :

Le Capitaine de chaque compagnie occupera la place du Lieutenant, qui se placera en serre-file derrière la première division de sa compagnie, sur l'alignement du Fourrier, lequel se portera derrière le centre de la seconde division, à deux pas.

Lorsqu'on doublera les divisions pour se former sur quatre rangs, les deux Officiers de la gauche de chaque escadron, se placeront à la gauche des deux premiers rangs de l'escadron, & les deux Maréchaux-des-logis de la droite de chaque escadron, reculeront aux troisième & quatrième rangs, pour se placer derrière la file des Officiers.

Le Mestre-de-camp se placera vis-à-vis le centre du demi-rang de la droite, à deux pas en avant du premier rang, & le Lieutenant-colonel vis-à-vis le centre du demi-rang de la gauche.

Le Major se placera derrière le centre du régiment, à six pas en arrière des serre-files, & pourra se porter où le service l'exigera.

Le premier Aide-major se placera à la droite, & le second Aide-major à la gauche du régiment, sur l'alignement du premier rang.

Le premier Sous-aide-major se placera à la droite, & le second Sous-aide-major à la gauche du régiment, sur l'alignement du Major ; ces Officiers pourront se porter de même par-tout où besoin sera, ainsi que le Quartier-maître, qui se placera à la gauche du régiment, sur l'alignement du dernier rang.

Les Tambours seront placés sur deux rangs, à la droite du régiment, ou moitié à la droite & moitié à la gauche du régiment, si le Commandant le juge à propos.

La distance d'un rang à l'autre sera de quatre pas, c'est-à-dire, de huit pieds à rangs ouverts, de deux pas à rangs demi-ouverts, & de vingt pouces environ à rangs serrés ; le tout, compté des talons d'un rang aux talons du rang qui précède. Quant aux Dragons du même rang, ils seront près les uns des autres, mais sans que les bras se touchent, afin qu'ils puissent agir librement & sans se gêner les uns les autres.

Le régiment, les escadrons, les compagnies & divisions, conserveront à pied, ainsi qu'à cheval, la même dénomination ; on distinguera de plus les deux escadrons de la droite, par la dénomination de *demi-rang de la droite ;* & les deux escadrons de la gauche, par celle de *demi-rang de la gauche.*

Dans les cas de parade & d'assemblée d'un régiment, il se formera toujours sur deux rangs, & les Officiers se placeront à la tête de leurs compagnie & divisions, ainsi qu'il est prescrit à la formation à cheval ; & si les Porte-guidons devoient saluer du guidon, ils se porteroient au premier rang.

Lorsque le régiment se rompra pour marcher en colonne, & se rendra sur le terrain destiné aux exercices, les Officiers marcheront à la tête de leur troupe, en se conformant à ce qui a été prescrit pour la marche à cheval.

DE L'ÉCOLE DES OFFICIERS
ET BAS OFFICIERS.

Tous les Officiers & bas Officiers seront tenus de savoir exécuter généralement tout ce qui a rapport aux différens maniemens des armes & aux évolutions à pied, afin de pouvoir en instruire leur troupe.

Le Commandant de chaque régiment donnera ses ordres pour que les bas Officiers soient exercés & examinés par les Capitaines ou autres Officiers, toutes les fois qu'il le jugera à propos, afin de s'assurer qu'ils soient toujours en état de veiller à l'instruction des Dragons.

Il sera établi de plus dans chaque régiment, une école de commandement, pour apprendre aux Officiers & bas Officiers à commander d'un ton ferme & bref ; cette école sera tenue par l'un des Officiers-majors que le Commandant

jugera

jugera le plus propre à cette instruction, & elle aura lieu jusqu'à ce que tous les Officiers & bas Officiers soient parvenus à commander d'un même ton, autant qu'il sera possible.

DU MANIEMENT DU FUSIL
POUR LES OFFICIERS ET BAS OFFICIERS.

TOUTES les fois qu'une troupe portera le fusil, les Officiers le porteront dans le bras droit au défaut de l'épaule, le canon en arrière & presque d'à-plomb, la baguette en dehors, le bras tendu, la main droite embrassant le chien & la sous-garde, la crosse à plat le long de la cuisse droite, & la main gauche pendante sur le côté.

Dans le cas de parade, les Officiers seront reposés sur les armes, la crosse à terre, la main droite à quatre doigts du bout du canon; mais lorsqu'ils devront exécuter quelques mouvemens, ils placeront auparavant la main droite au-dessous de l'anneau de la grenadière, devant les commencer tous de cette position.

Pour mettre la baïonnette au bout du canon.

ON l'exécutera en sept temps:

Au premier, portant le fusil dans le bras droit, on portera vivement la main gauche au-dessous de l'anneau de la grenadière.

Au deuxième, on détachera le fusil de l'épaule pour le tenir perpendiculaire vis-à-vis le milieu du corps, plaçant en même temps le pied droit en équerre derrière le talon gauche, en faisant un *demi à droite*.

Au troisième, on abaissera le fusil de manière que la crosse arrive près de terre, la platine en dehors, plaçant en même temps la main droite au bout du canon à hauteur du bois.

Au quatrième, on appuiera la crosse à terre vers la gauche, & à quatre pouces du pied gauche à hauteur de la boucle.

Au cinquième, quittant le fusil de la main droite, on saisira la baïonnette à la douille, & on la dégagera du fourreau, la main gauche éloignant en même temps un peu le canon sans déranger la crosse.

Au sixième, on portera la baïonnette au bout du canon, où on l'engagera doucement prête à y être emboîtée, rapprochant en même temps le canon du corps.

Au septième, on emboîtera la baïonnette, & on replacera la main droite à hauteur du bois.

Pour porter ensuite les armes.

ON l'exécutera en trois temps :

Au premier, quittant le fusil de la main droite, on l'élevera à-plomb de la gauche, qui se portera à hauteur du menton, tournant la baguette en dehors, le canon entre les deux yeux, & on le saisira de la main droite en empoignant le chien & la sous-garde.

Au deuxième, on portera le fusil perpendiculaire entre la tête & l'épaule droite, replaçant en même temps le pied droit à côté du gauche.

Au troisième, on achèvera de porter le fusil, & on reportera la main gauche à gauche.

Pour remettre la baïonnette en son lieu.

ON l'exécutera en sept temps :

Au premier, on portera vivement la main gauche au-dessous de l'anneau de la grenadière.

Au deuxième, on détachera le fusil de l'épaule pour le tenir perpendiculaire vis-à-vis le milieu du corps, plaçant en même temps le pied droit en équerre derrière le talon gauche, en faisant un *demi à droite.*

Au troisième, on abaissera le fusil de manière que la crosse arrive près de terre, la platine en dehors, plaçant en même temps la main droite au bout du canon à hauteur du bois.

Au quatrième, on appuiera la crosse à terre vers la gauche & à quatre pouces du pied gauche à hauteur de la boucle.

Au cinquième, on donnera un coup vif avec le dessus du premier doigt de la main droite, en empoignant la baïonnette à la douille, pour la tourner, la déboîter & la tenir ensuite au-dessus & près du canon, & dans la même direction.

Au sixième, on remettra la baïonnette dans le fourreau, détachant un peu le canon du corps sans déranger la crosse.

Au septième, on rapprochera le fusil du corps, & on le saisira de la main droite à hauteur du bois.

Pour porter ensuite les armes.

ON l'exécutera en trois temps :

Au premier, quittant le fusil de la main droite, on l'élèvera à - plomb de la gauche, qui se portera à hauteur du menton, tournant la baguette en dehors, le canon entre les deux yeux, & on le saisira de la main droite en empoignant le chien & la sous-garde.

Au deuxième, on portera le fusil perpendiculaire entre la tête & l'épaule droite, replaçant en même temps le pied droit à côté du gauche.

Au troisième, on achèvera de porter le fusil, & on reportera la main gauche à gauche.

Pour poser la crosse à terre.

ON l'exécutera en deux temps :

Au premier, on portera la main gauche au - dessous de la capucine, saisissant en même temps le fusil de la main droite à la capucine.

Au deuxième, on baissera le fusil de la main droite pour poser doucement la crosse à terre, le talon de la crosse à deux pouces & sur l'alignement de la pointe du pied droit, la main gauche se replaçant à gauche.

Les Officiers poseront le fusil à terre, & le reprendront en même temps & de la même manière que la troupe.

Pour porter les armes.

ON l'exécutera en deux temps :

Au premier, on élèvera le fusil perpendiculairement; on placera la main gauche au-dessous de la capucine à hauteur du ceinturon, empoignant en même temps la sous - garde & le chien avec la main droite.

Au deuxième, on placera le fusil contre l'épaule droite, & la main gauche se reportera à gauche.

Pour porter l'arme au bras.

LORSQUE la troupe portera l'arme au bras, les Officiers porteront le fusil sur le bras gauche sans déranger la main droite, & croiseront la main gauche par-dessus la droite.

Ils reporteront le fusil à l'épaule droite lorsque la troupe portera les armes.

Pour faire haut les armes.

LORSQUE les Dragons feront *haut les armes* en marchant à la charge, les Officiers & bas Officiers feront aussi *haut les armes* en un temps, joignant le fusil de la main gauche à la capucine; on l'élevera de la main droite pour le porter devant soi vis-à-vis l'œil droit, la main gauche à hauteur des yeux, le pouce alongé le long du bois, le canon presque d'à-plomb, la main droite à la poignée, les coudes aisés.

Pour porter les armes.

ON exécutera les mouvemens contraires.

Pour présenter les armes.

ON l'exécutera en deux temps:

Au premier, on placera la main gauche à la capucine.

Au deuxième, on saisira le fusil de la main droite à la poignée pour le tenir perpendiculaire près & vis-à-vis le milieu du corps, & on placera en même temps le pied droit derrière le gauche, la boucle contre le talon.

Pour porter les armes.

ON l'exécutera en deux temps:

Au premier, en replaçant le pied droit à côté du gauche, on embrassera de la main droite le chien & la sous-garde, rapprochant le canon de l'épaule droite.

Au deuxième, la main gauche quittant le fusil, tombera pendante sur le côté.

DU SALUT DU FUSIL.

Pour faluer du fufil étant repofé deffus.

ON l'exécutera en quatre temps :

Au premier, lorfque la perfonne qu'on devra faluer fera à quatre pas, on élevera le fufil, le faififfant de la main gauche à la capucine & en même temps de la droite à la poignée pour le tenir perpendiculaire, la main gauche à hauteur de l'eftomac, le canon en dedans à un demi - pied de diftance & vis-à-vis le milieu du corps, faifant en même temps un *demi à droite fur le talon gauche*, & plaçant le pied droit en équerre derrière le gauche, les talons joints.

Au deuxième, on baiffera le bout du fufil près de terre, la platine en deffus, & on reftera dans cette pofition jufqu'à ce que la perfonne qu'on faluera fera éloignée de deux pas.

Au troifième, on relèvera le fufil perpendiculaire, le faififfant en même temps de la main droite au - deffous de l'anneau de la grenadière, la main à hauteur de l'eftomac.

Au quatrième, on baiffera le fufil pour pofer doucement la croffe à terre, & la main gauche fe replacera à gauche.

Pour faluer du fufil en marchant.

ON l'exécutera en quatre temps :

Le premier temps fe fera lorfqu'on fera à quatre pas de la perfonne qu'on devra faluer, en avançant le pied gauche & effaçant un peu le corps à droite ; on détachera le fufil de l'épaule en l'élevant, le faififfant de la main gauche à la capucine, la main à hauteur de l'eftomac, pour le tenir perpendiculaire vis-à-vis & à un demi-pied de diftance de l'épaule droite, obfervant de ne point déplacer la main droite.

Au deuxième, en avançant le pied droit, on baiffera le bout du fufil près de terre, la platine en deffus fans déplacer le premier doigt de la main droite, dont on paffera le pouce par-deffus le chien pour faifir la poignée.

On marchera trois pas dans cette attitude.

Au troifième, en faifant le fixième pas, on relèvera le fufil faifant *face en tête* pour le tenir perpendiculaire vis-à vis

& à un demi-pied de distance de l'épaule droite, repassant le pouce de la main droite par-dessus le chien.

Au quatrième, en faisant le septième pas, on portera le fusil, & la main gauche se replacera à gauche.

Les Officiers de l'État-major porteront à pied le sab^re à l'épaule droite, & en salueront en quatre temps, ainsi qu'il est prescrit de le faire à cheval.

DU MANIEMENT DU FUSIL
POUR LES BRIGADIERS.

LES Brigadiers porteront le fusil comme les Dragons, mais s'ils doivent représenter des Maréchaux-des-logis ou marcher à la tête d'une division ou d'une pose de Sentinelle, ils porteront le fusil sur le bras droit, comme les Officiers & les bas Officiers.

DU MANIEMENT DU GUIDON.

LORSQUE les Porte-guidons seront à pied, ils porteront le guidon sur l'épaule droite, le tenant de la main droite, à la hampe à un pied environ du talon, l'avant-bras libre, observant que le bout du talon soit éloigné du corps d'environ un demi-pied.

Pour se reposer sur le guidon.

ON l'exécutera en deux temps :

Au premier, en détachant le guidon de l'épaule droite, on le portera perpendiculaire devant soi pour le saisir de la main gauche à un demi-pied au-dessus de la droite, dont on l'abandonnera pour le baisser de la gauche & le porter toujours d'à-plomb vis-à-vis le côté droit, le saisissant en même temps de la main droite à hauteur du menton, le talon à quatre doigts de terre, les deux épaules également avancées.

Au deuxième, on abandonnera le guidon de la main gauche pour en poser le talon à terre à côté de la pointe du pied droit, la main droite à hauteur de l'épaule, & la main gauche se replaçant sur le côté.

Lorſque dans les haltes un peu longues, la troupe poſera la croſſe à terre ou les armes à terre ; les Porte-guidons planteront les guidons en terre, & on y poſera une Sentinelle pour les garder lorſque la troupe quittera ſes rangs.

Pour porter enſuite le guidon.

ON l'exécutera en deux temps :

Au premier, on élèvera le guidon de la main droite en le rapprochant du corps, la main gauche le ſaiſira à un pied environ au - deſſous de la droite, qui l'abandonnera pour ſe placer à un pied environ du talon, & tenir le guidon perpendiculaire vis-à-vis l'épaule droite, la main gauche à hauteur du menton.

Au deuxième, on le placera ſur l'épaule droite , & la main gauche ſe replacera à gauche.

SALUT DU GUIDON À PIED.

LORSQUE les Porte-guidons devront ſaluer du guidon, ſoit de pied-ferme ou en marchant, ils exécuteront ce ſalut en quatre temps :

Au premier, lorſque la perſonne qu'on devra ſaluer ſera à quatre pas, on portera le guidon perpendiculaire devant ſoi, le ſaiſiſſant de la main gauche à un demi-pied au deſſus de la droite, qui ſe coulera juſqu'au talon, faiſant en même temps un *demi à droite* ſur le talon gauche, & plaçant le pied droit en équerre derrière le gauche, les talons joints.

Au deuxième, on baiſſera la lance près de terre, & on reſtera dans cette attitude juſqu'à ce que la perſonne qu'on ſaluera ſera éloignée de deux pas.

Au troiſième, on relèvera le guidon perpendiculaire de-vant ſoi, coulant la main droite juſqu'à un demi - pied au-deſſous de la gauche.

Au quatrième, on fera *face en tête* en portant le guidon contre l'épaule droite, & replaçant la main gauche à gauche.

Lorſqu'on ſaluera en marchant, on commencera de même le premier temps à quatre pas de la perſonne qu'on devra ſaluer, en faiſant un pas du pied gauche & effaçant un peu le corps à droite.

Le second temps se fera en avançant le pied droit, faisant ensuite trois pas la lance basse.

Le troisième temps se fera au sixième pas.

Et le quatrième au septième pas.

Tous les Officiers qui marcheront à la tête d'une troupe salueront ensemble, réglant leurs mouvemens sur ceux de l'Officier qui sera à la droite ou à la gauche, suivant le côté où sera placée la personne qu'on devra saluer; mais lorsque cette personne passera devant le front de la troupe, chaque Officier la saluera successivement à mesure qu'elle s'approchera de lui & qu'elle en sera à quatre pas.

DE L'ÉCOLE DU DRAGON.

L'INSTRUCTION particulière du Dragon comprendra, outre le soin qu'il doit avoir de son cheval, la connoissance de toutes les parties de l'habillement, de l'armement & de l'équipement, l'entretien de ses armes, l'exécution du maniement des armes & des différens feux, & la connoissance de toutes les manœuvres & évolutions.

On aura attention à ne montrer aux Dragons que successivement toutes les parties de cette instruction, afin qu'ils aient le temps de les concevoir.

Chaque Capitaine choisira dans sa compagnie le Fourrier, Maréchal-des-logis ou Brigadier le plus au fait pour exercer les Dragons de recrue un à un, ensuite deux ou trois ensemble, tant au maniement des armes qu'aux différens pas de la marche.

Lorsque ce choix aura été fait, il ne pourra être changé sans des raisons essentielles, afin que tous les hommes de recrue étant exercés par le même homme, puissent avoir les mêmes principes.

Il sera formé de ces différens Dragons plusieurs classes, les plus instruits formeront la première & seront toujours exercés ensemble, les autres Dragons formeront les autres classes.

Dès

Dès que les Dragons auront été exercés à la marche &
au maniement des armes, on les perfectionnera dans la
charge du fufil, & à mettre en joue avec la plus grande
aifance, on garnira alors les fufils d'un morceau de bois
pour conferver la batterie.

Les Capitaine, Lieutenant & Sous-lieutenant commanderont les mêmes manœuvres à mesure qu'il se formera un
nombre de Dragons suffisamment instruits, & ils les feront
paffer à mesure dans les différentes claffes.

Les Dragons qui se feront absentés par congé, feront à
leur retour exercés en détail, par les bas Officiers chargés
de cette partie; & ils ne pourront rentrer dans la première
claffe que sur le témoignage defdits bas Officiers.

Lorsque le Major jugera les Dragons de la première
claffe de chaque compagnie en état d'être exercés enfemble,
il chargera les Officiers-majors de réunir les bas Officiers
& Dragons de ladite première claffe de deux compagnies,
& succeffivement de plufieurs compagnies pour les exercer
enfemble.

On exercera principalement la première claffe à tirer à
la fible, afin d'apprendre aux Dragons à bien mettre en
joue & à tirer jufte.

DE L'ASSEMBLÉE
D'UN RÉGIMENT À PIED.

Lorsqu'on battra l'*affemblée*, chaque Brigadier se
rendra avec les Dragons de fa chambrée au rendez-vous de
fa compagnie où se trouveront les Maréchaux-des-logis &
le Fourrier pour former les divifions fur deux rangs ouverts,
(les Dragons ayant la croffe à terre, la main baffe) en
faire l'appel & examiner les différentes parties de l'armement,
de l'équipement & de l'habillement.

Les Officiers se trouveront pareillement au rendez-vous
de leur compagnie, immédiatement après l'*affemblée*, & le

Commandant de la compagnie, après s'être fait rendre compte par le Fourrier s'il n'y manque personne, passera par-devant & par-derrière les rangs, de même que le Lieutenant & le Sous-lieutenant pour examiner si les Dragons sont bien tenus, & s'il ne leur manque rien de tout point; après quoi si ledit Commandant juge à propos de faire l'inspection des armes, il fera les commandemens prescrits ci-après pour l'inspection : si au contraire il ne le juge pas nécessaire, il fera porter les armes & ensuite l'arme au bras, pour conduire sa compagnie au quartier d'assemblée du régiment.

DE L'INSPECTION À PIED.

I.

Prenez garde à vous.

2.

Préparez-vous pour l'inspection.

A ce commandement, les Dragons porteront la main droite au bout du fusil, & faisant un *demi à droite sur le talon gauche*, de manière que le pied gauche forme une perpendiculaire sur l'alignement, placeront le pied droit en équerre derrière le gauche, les talons joints; ils porteront de la main droite la crosse du fusil vers la gauche & à quatre pouces du pied gauche, à hauteur de la boucle, saisissant en même temps le fusil de la main gauche au-dessous de l'anneau de la grenadière pour le tenir la platine en avant, la baguette un peu tournée vers le corps : ils mettront de la main droite la baïonnette au bout du canon, & ensuite la baguette dans le canon; après quoi ils mettront le sabre à la main & le porteront à l'épaule droite, le dos de la lame appuyé contre l'épaule, le poignet à hauteur de la hanche, laissant échapper le petit doigt derrière la poignée.

Ces mouvemens étant exécutés, le Capitaine parcourra le front de chaque rang pour faire l'inspection des armes, & à mesure qu'il s'arrêtera devant chaque Dragon, le Dragon lui présentera le sabre en trois temps :

Au premier, il le portera en avant entre le fusil & l'épaule gauche, le bras demi-tendu, la coquille à hauteur &

à un pied de diſtance de la cravate, le ſabre perpendiculaire, le plat de la lame en avant, le tranchant à gauche, &
le pouce alongé ſur le côté droit de la poignée, repaſſant
le petit doigt ſur la poignée.

Au deuxième, il tournera le poignet en dehors pour
préſenter l'autre côté de la lame, le tranchant à droite.

Au troiſième, il reportera le ſabre à l'épaule, en retour-
nant le poignet en dedans.

Le Capitaine examinera enſuite ſi le fuſil eſt chargé ou
non, & le prendra, s'il le juge à propos, pour s'aſſurer
encore mieux s'il eſt en bon état; il ne ſouffrira pas que
le Dragon éclairciſſe ſes armes avec aucun ferrement, mais
au contraire, il tiendra la main à ce qu'il les entretienne en
y paſſant ſouvent une pièce graſſe, & en mettant de temps
en temps de l'huile à tous les reſſorts, après avoir eſſuyé la
craſſe qui pourroit s'y trouver, & ſans démonter les pièces
de la platine que dans les cas indiſpenſables.

Dès que l'Officier aura dépaſſé de deux hommes le
Dragon qui aura été inſpecté, celui-ci, ſans attendre de
commandement, remettra le ſabre dans le fourreau, laiſſant
pour ce moment tomber le fuſil dans le bras gauche; il
remettra enſuite la baïonnette & la baguette en ſon lieu,
après quoi, ſaiſiſſant le fuſil de la main droite, au bout du
canon, il reportera la croſſe à la droite du pied droit,
abandonnant le fuſil de la main gauche; & faiſant en même
temps *face en tête*, il coulera la main droite baſſe.

L'inſpection des armes étant finie, ſi la compagnie doit
être exercée au feu, le Fourrier diſtribuera des cartouches
à poudre.

Si le Capitaine veut enſuite faire charger les armes, il
fera l'avertiſſement, *prenez garde à vous*, & enſuite le commandement:

Chargez vos armes.

A ce commandement, les Dragons feront *armes plattes*
en deux temps:

Au premier, tenant le fusil de la main droite basse, on l'élèvera perpendiculaire, la main à hauteur du menton, faisant en même temps un *demi à droite sur le talon gauche*, & plaçant le pied droit en équerre derrière le gauche, les talons joints, & la main gauche saisira le fusil à la capucine.

Au deuxième, quittant le fusil de la main droite, on baissera le bout du canon à hauteur du cimier du casque, plaçant la crosse sous le bras droit, la platine vis-à-vis la poitrine à hauteur du teton droit, & on placera le pouce de la main droite sur la batterie pour ouvrir le bassinet & charger ensuite le fusil, sans se régler sur personne.

Si au contraire, on ne juge pas à propos de faire charger les armes après l'inspection, le Capitaine fera les commandemens nécessaires pour faire porter les armes & serrer les rangs; après quoi les Officiers se placeront à la tête de leur division.

Le Capitaine fera ensuite porter *l'arme au bras*, ce qui étant exécuté, il fera rompre sa compagnie, & la mettra en marche sur un front proportionné au terrain qu'il devra parcourir, pour se rendre au quartier d'assemblée du régiment, où en arrivant, il placera sa compagnie dans le rang qu'elle devra tenir dans l'ordre de bataille du régiment, & lui fera les commandemens nécessaires pour poser la crosse à terre, & se reposer.

Toutes les compagnies étant arrivées au *rendez-vous* du régiment, le Major & les Aides-major qui auront dû se rendre d'avance au lieu d'assemblée, parcourront le front & la queue du régiment, pour en compléter les files & égaliser, autant qu'il sera possible, toutes les divisions.

Le Mestre-de-camp ou autre Commandant du corps se trouvera au lieu d'assemblée le plus tôt possible, & il en fera faire une inspection générale par les Officiers-majors, s'il le juge à propos.

DU DÉTACHEMENT
QUI DEVRA ALLER CHERCHER LES GUIDONS.

LORSQU'APRÈS l'arrivée de toutes les compagnies au lieu d'assemblée du régiment, on enverra chercher les guidons, le Commandant ordonnera aux Porte-guidons d'aller se placer sur un seul rang, à vingt pas en avant de la division qui devra former l'escorte des guidons, ayant à leur droite les Tambours & le Quartier-maître ; alors le Lieutenant ou Sous-lieutenant commandant de cette division lui fera les commandemens nécessaires pour la faire rompre, & mettre cette troupe en marche dans l'ordre qui a été prescrit à cheval, les Dragons portant l'arme au bras, & les Tambours portant la caisse sur le dos.

Le Commandant fera accompagner ce détachement par un Officier-major, s'il le juge à propos.

Ce détachement se rendra, sans bruit de caisse, au lieu où seront les guidons ; dès qu'il y sera arrivé, le Commandant du détachement formera sa troupe en bataille, ou la laissera en colonne. Les Porte-guidons prendront ensuite les guidons ; alors le Commandant fera mettre la baïonnette au bout du canon, & après avoir fait porter les armes, il conduira les guidons au régiment, dans le même ordre qu'il aura été les chercher, les Tambours battant *le drapeau*.

A l'approche des guidons, le Commandant du régiment fera les commandemens nécessaires pour faire mettre la baïonnette au bout du canon ; il fera porter & présenter ensuite les armes.

Les guidons passeront devant tout le front du régiment, & reviendront ensuite par-derrière, suivis de leur escorte, pour prendre chacun la place qui leur est indiquée à la formation ; la division qui les aura escorté, ainsi que les Tambours, iront *au pas redoublé* prendre leur poste, en passant derrière la troupe, & dès qu'ils y seront arrivés, le Commandant fera cesser de battre *le drapeau*.

Dès que les Porte-guidons & leur escorte auront repris

leur place, le Commandant fera porter les armes, & fera remettre la baïonnette en son lieu ; il fera ensuite serrer les rangs, s'ils font ouverts, & fera rompre le régiment pour le mettre en marche & se rendre sur le terrain destiné aux exercices.

Le régiment étant arrivé sur le terrain où il devra se mettre en bataille pour s'exercer, ou pour quelqu'autre cause que ce soit, le Commandant le fera former en bataille, soit en avant, sur la droite ou sur la gauche, &c.

Si le régiment doit être vu en parade en bataille, le Commandant fera ouvrir les rangs.

Si au contraire le régiment doit être exercé tout de suite aux évolutions & différens feux, ou aux manœuvres, le Commandant se portera en avant du front pour lui faire les commandemens ; & après avoir prévenu de l'espèce d'exercice que le régiment devra exécuter, il avertira les Officiers de se rendre à leur place de bataille : cet avertissement sera suivi d'un roulement, après lequel, les Officiers se placeront ainsi qu'il est prescrit à la formation à pied ; ou si le régiment doit répéter les manœuvres que l'on doit exécuter à cheval, ils se placeront ainsi qu'il est prescrit pour la formation à cheval.

DU MANIEMENT DES ARMES
À PIED.
Observations Générales.

LE maniement des armes sera divisé en deux parties : la première comprendra le petit maniement des armes, qui ne s'exécutera qu'en détail, ou au plus, par une ou deux compagnies ; & la seconde, proprement dite le maniement des armes, ne comprendra que les commandemens les plus essentiels.

La perfection du maniement des armes à pied, consiste en ce que les Dragons soient avec aisance & grâce sous les armes, qu'ils aient la tête haute, les épaules libres &

tombantes, le corps bien d'à-plomb, les jarrets tendus, les pieds placés en équerre, faisant face carrément devant eux, le fusil presque droit & ferme contre l'épaule gauche, le canon en dehors, la sous-garde près du corps, l'extrémité supérieure de la platine ou ressort de la batterie vis-à-vis l'aisselle, le bec de la crosse appuyé sur la hanche, un peu sur le côté au défaut de la cuisse, sans en gêner le mouvement, & soutenue de la main gauche, les trois derniers doigts sous le talon, le premier doigt sur la vis, & le pouce au-dessus, le bras gauche placé naturellement sans être gêné, & le bras droit tombant sans mouvement, la paume de la main sur la cuisse, les doigts alongés.

On observera toujours de mettre deux secondes entre l'exécution de chaque temps des commandemens qui en auront plusieurs; & celui qui commandera le maniement des armes ou l'homme-d'aile dont il sera parlé, lorsqu'on fera l'exercice à la muette, mettra quatre secondes de repos entre la fin d'un commandement & le commencement du suivant.

Quant à l'exécution des mouvemens, on aura attention à ce que les Dragons les brusquent tous, que les files, les rangs & les armes soient toujours alignés, & qu'à la fin de chaque temps il y ait une cessation totale de mouvemens.

Quand un Dragon laissera tomber sa baguette, son chapeau ou sa baïonnette, en quelque temps de l'exercice que ce soit, il ne les ramassera point, & il attendra que le Commandant ordonne à un Maréchal-des-logis ou autre de le faire.

DU PETIT MANIEMENT DES ARMES.

LE maniement des armes se fera toujours à rangs ouverts & jamais en plus grand nombre que par une ou deux compagnies au plus.

Les Dragons portant le fusil sur l'épaule, on fera ouvrir les rangs; après quoi on fera cet avertissement:

Prenez garde à vous pour le petit maniement des armes.

PREMIER COMMANDEMENT.

La platine sous le bras gauche.

EN trois temps :

Au premier, on portera la main droite à la poignée.

Au deuxième, on détachera le fusil de l'épaule, le saisissant en même temps de la main gauche à la capucine pour le tenir perpendiculaire vis-à-vis l'épaule gauche, le canon en avant, le pouce droit sur la contre-platine.

Au troisième, on passera la platine sous le bras gauche, & la main droite se replacera en même temps à droite.

2.
Portez vos armes.

EN trois temps :

Au premier, on relèvera le fusil de la main gauche, plaçant en même temps la main droite à la poignée, le pouce sur la contre-platine pour le tenir perpendiculaire vis-à-vis l'épaule gauche.

Au deuxième, on replacera la main gauche sous la crosse en élevant un peu le fusil, de manière que la batterie soit à hauteur de l'épaule.

Au troisième, on attirera le fusil de la main gauche contre l'épaule gauche, replaçant en même temps la main droite sur le côté.

3.
L'arme au bras.

EN trois temps :

Au premier, on portera la main droite à la crosse, un peu au-dessous de la poignée.

Au deuxième, la main gauche quittant la crosse, se placera sur la poitrine, contenant le fusil de l'avant-bras gauche, sur lequel on laissera appuyer le chien.

Au troisième, on replacera la main droite sur le côté.

4.
Portez vos armes.

EN trois temps :

Au premier, on portera la main droite à la crosse près de la poignée.

Au deuxième, on placera la main gauche sous la crosse.

Au troisième, on replacera la main droite sur le côté.

5.
Préfentez vos armes.

EN deux temps.

Au premier, on portera la main droite à la poignée, le pouce alongé sur la contre-platine.

Au deuxième, en retirant le pied droit en équerre derrière le gauche, la boucle contre le talon sans effacer le corps, on détachera le fusil de l'épaule pour le porter d'àplomb vis-à-vis le milieu du corps, le canon en dedans, & on le saisira en même temps de la main gauche à la capucine, le pouce le long du bois, le bras droit étendu de toute sa longueur, le pouce droit embrassant la poignée.

6.
Portez vos armes.

EN deux temps :

Au premier, replaçant le pied droit à côté du gauche, on relèvera le fusil de la main droite pour le tourner le canon en dehors, le saisissant en même temps de la main gauche sous la crosse pour le tenir perpendiculaire à un demi-pied de distance & vis-à-vis l'épaule gauche, la batterie à hauteur de l'épaule.

Au deuxième, on attirera le fusil contre l'épaule gauche, replaçant en même temps la main droite sur le côté.

Lorsqu'on devra présenter les armes pour rendre honneur au Saint-Sacrement, on mettra le genou droit en terre, & le casque sur le genou gauche, ce qui s'exécutera au commandement, *genou en terre ;* lorsqu'ensuite on devra se relever, on fera l'avertissement, *prenez garde à vous,* auquel tous les Dragons remettront leur casque, on commandera

enfuite, *portez vos armes*, & tous les Dragons fe relèveront & porteront le fufil à l'épaule.

7.
La croffe à terre.

EN deux temps :

Au premier, on baiffera le fufil en alongeant le bras
gauche de toute fa longueur, & on faifira le fufil de la main
droite à hauteur de l'épaule.

Au deuxième, on détachera le fufil de l'épaule pour l'a-
mener fur le côté droit & pofer doucement la croffe à terre,
le talon de la croffe à deux pouces & fur l'alignement de la
pointe du pied droit.

8.
Les armes à terre.

EN quatre temps :

Au premier, coulant la main jufqu'à l'anneau de la grenadière, on tournera le canon vers le corps en faifant un
demi à droite fur le talon gauche, on placera la pointe du
pied droit derrière la croffe & on mettra la main gauche
derrière le dos, pour contenir la giberne.

Au deuxième, on portera le pied gauche à deux pieds en
avant de l'alignement, & courbant le corps on couchera le
fufil à terre, la platine en deffus, la croffe reftant appuyée
au pied, & l'arme perpendiculaire fur l'alignement.

Au troifième, on fe relèvera, ramenant le pied gauche
à côté du droit, le bras droit pendant.

Au quatrième, on tournera fur le talon gauche pour
faire *face en tête*, le pied droit fe replaçant à côté du gauche,
& la main gauche fe replaçant à gauche.

9.
Reprenez vos armes.

EN quatre temps :

Au premier, on tournera à droite fur le talon gauche,
plaçant la pointe du pied droit derrière la croffe, & la main
gauche fe placera derrière le dos pour contenir la giberne.

Au deuxième, on portera le pied gauche à deux pieds
en avant de l'alignement, & courbant le corps, on faifira
le fufil de la main droite à l'anneau de la grenadière.

Au troisième, on se relèvera ramenant le pied gauche à côté du droit.

Au quatrième, on fera *face en tête*, replaçant le pied droit à côté du gauche, & tournant le fusil la sous-garde en avant, on coulera la main droite basse, & la main gauche se replacera à gauche.

10.
Portez vos armes.

EN deux temps :

Au premier, on enlèvera le fusil de la main droite, tournant le canon en dehors & le faisant couler dans la main jusqu'à ce que le petit doigt rencontre la partie supérieure de la platine, pour l'amener vis-à-vis l'épaule gauche, la batterie à hauteur de l'épaule ; on le soutiendra en même temps de la main gauche, qui se placera sous la crosse.

Au deuxième, on achèvera de porter le fusil.

TOUS les commandemens prescrits ci-dessus au petit maniement des armes, s'exécuteront de suite dans les Exercices particuliers, ainsi qu'il a déjà été prescrit, & on n'en fera usage dans les Exercices généraux qu'accidentellement & suivant les circonstances.

COMMANDEMENS POUR LE MANIEMENT DES ARMES.

LE Commandant s'étant porté en avant du front du régiment, suivi d'un Tambour, fera cet avertissement :

Prenez garde à vous pour le maniement des armes.

A cet avertissement, le Tambour fera un roulement, & donnera ensuite un coup de baguette.

A ce coup de baguette, le Lieutenant-colonel ira se placer sur le flanc gauche du régiment un peu en avant du premier rang &, y fera *face*.

L'homme-d'aile se portera en même temps à vingt pas en avant de la droite en la dépassant de dix ou douze pas, & fera *face* au premier rang.

Le Commandant fera faire enfuite un roulement, après lequel l'homme-d'aile commencera le maniement des armes qu'il continuera fans attendre d'autre commandement ou fignal.

On ne fe fervira de cet homme-d'aile que dans les cas de parade, devant accoutumer les Dragons à mefurer leurs mouvemens, & à les faire enfemble fans fe régler fur perfonne.

PREMIER COMMANDEMENT

Baïonnette au canon.

EN fept temps :

Au premier, on portera la main droite à la poignée du fufil fans le remuer.

Au deuxième, faifant un *demi à droite fur le talon gauche*, de manière que le pied gauche forme une perpendiculaire fur l'alignement; on portera le pied droit en équerre derrière le gauche, les talons joints, & on détachera en même temps le fufil de l'épaule, le faififfant de la main gauche à hauteur de l'œil au-deffous de l'anneau de la grenadière, le pouce en dedans, le fufil perpendiculaire & près du corps, la platine en dehors, le coude gauche près du fufil, le bras droit demi-tendu.

Au troifième, quittant le fufil de la main droite, on le baiffera de la gauche, de façon que la croffe arrive à deux pouces de terre, le fufil collé à la cuiffe, & on placera la main droite au bout du canon à l'extrémité du bois.

Au quatrième, on appuiera la croffe à terre fur l'alignement & à quatre pouces de la boucle du pied gauche.

Au cinquième, quittant le fufil de la main droite, on faifira la baïonnette à la douille & on la dégagera du fourreau, la main gauche éloignant un peu le canon du corps fans déranger la croffe.

Au fixième, rapprochant le canon du corps, on portera la baïonnette au bout du canon, où on l'engagera doucement, prête à y être emboîtée.

Au feptième, on emboîtera la baïonnette, & on replacera la main au bout du canon à hauteur du bois.

117

2.
Portez vos armes.

EN trois temps :

Au premier, on élèvera le fufil de la main gauche, & on le faifira de la main droite à la poignée, la main gauche à hauteur des yeux.

Au deuxième, plaçant la main gauche fous la croffe & faifant *face en tête* en replaçant le pied droit à côté du gauche ; on tiendra le fufil perpendiculaire vis-à-vis & à un demi-pied de diftance de l'épaule gauche, la batterie à hauteur de l'épaule.

Au troifième, on attirera le fufil contre l'épaule gauche, replaçant en même temps la main droite fur la cuiffe.

Si on avoit précédemment fait mettre à la troupe, la baïonnette au bout du canon, on commenceroit le maniement des armes par le commandement fuivant.

3.
Apprêtez vos armes.

EN un temps :

On portera la main droite à la poignée, & on détachera vivement le fufil de l'épaule en le tournant le canon en dedans vis-à-vis l'œil droit, plaçant la main gauche à la capucine à hauteur des yeux, le pouce alongé le long du bois, le pouce droit fur le chien, le premier doigt fur la gachette, les coudes aifés & fans aucune contrainte ; dans cette fituation de *haut les armes*, on tiendra le canon prefque d'à-plomb.

A l'égard des pieds, le premier rang portera tout de fuite le pied droit en équerre à un pied en arrière du gauche, tournant un peu fur le talon gauche pour effacer le corps à droite, & le fecond rang fans bouger le pied gauche, portera le pied droit en équerre à un pied fur la droite du pied gauche, de manière que la pointe du pied droit fe trouve fur l'alignement des talons gauches, après quoi on armera le fufil.

Tous ces mouvemens s'exécuteront avec la plus grande vivacité dans la valeur d'un feul temps.

4.
En joue.

EN un temps :

On portera la croffe à l'épaule droite, couchant le fufil horizontalement & ployant fur la partie gauche : on inclinera le corps en avant, la joue appuyée fur la croffe, l'œil gauche fermé, pour vifer & bien ajufter ; on aura attention que ce mouvement foit bien décidé, & qu'il s'exécute fans aucun tâtonnement de pofition.

A l'égard des coudes, les Dragons les tiendront au point où ils fe trouveront le plus en force, & on ne les genera en aucune manière là-deffus, afin qu'ils agiffent avec toute l'aifance & la vîteffe poffible.

5.
Feu.

EN un temps :

On appuiera le premier doigt fur la gachette fans remuer la tête ni faire aucun autre mouvement, & auffitôt après on retirera vivement le fufil, plaçant la croffe fous le bras droit, le bout du canon à hauteur du cimier du cafque, la platine vis-à-vis la poitrine à hauteur du teton droit, la main gauche reftante à la capucine, le pouce le long du bois, les deux premiers doigts de la main droite courbés, & embraffant la vis du chien prêt à le mettre à fon repos : à l'égard des pieds, les Dragons du premier rang rapprocheront le pied droit contre le talon gauche, & ceux du fecond rang en feront de même après avoir tourné un peu fur le talon gauche pour effacer le corps à droite.

6.
Chien en fon repos.

EN un temps :

On relèvera le chien jufqu'à ce qu'il s'arrête dans le premier cran, la main droite reftant à fa même pofition.

7.
La cartouche.

EN trois temps :

Au premier, la main droite fe portera à la giberne pour en tirer la cartouche.

Au deuxième, on portera la cartouche à la bouche pour la déchirer avec les dents.

Au troisième, on la portera au bassinet pour amorcer, & on placera ensuite les trois derniers doigts derrière la batterie, tenant la cartouche droite entre le pouce & le premier doigt.

8.

Fermez le bassinet.

EN un temps :

On fermera le bassinet & on reportera la main droite derrière la platine, saisissant la poignée entre les deux derniers doigts à la paume de la main.

9.

Armes à gauche.

EN deux temps :

Au premier, on passera la crosse à gauche, en tournant le fusil perpendiculairement près du corps, & coulant la main jusqu'à l'anneau de la grenadière, on baissera aussitôt le fusil de la main gauche, l'abandonnant de la droite pour poser la crosse à terre, le fusil collé à la cuisse, la crosse à quatre pouces du pied gauche, sur l'alignement de la boucle.

Au deuxième, on mettra la cartouche dans le canon, & on saisira la baguette avec le pouce alongé & le premier doigt ployé, le coude près du corps.

10.

Bourrez.

EN six temps :

Au premier, on sortira la baguette à moitié hors des tenons, en alongeant le bras droit de toute sa longueur, & coulant ensuite la main près du bout du canon, on contiendra la baguette entre le pouce & les quatre doigts alongés, le plat de la main en avant.

Au deuxième, on achèvera de la tirer, la faisant tourner le bras droit tendu, passant le gros bout vers le côté droit pour le porter à l'orifice du canon, & la faire entrer d'environ un pouce.

Au troisième, on chassera la baguette dans le canon, &

on la faifira avec le pouce & le premier doigt à un pouce du petit bout, après qu'elle aura rebondie.

Au quatrième, on la fortira du canon jufqu'à moitié de fa longueur, & on la faifira près du bout du canon entre le pouce & les quatre doigts alongés, le plat de la main en avant.

Au cinquième, on achèvera de la fortir du canon, & l'ayant fait tourner le bras droit tendu, on portera le petit bout à l'entrée du premier porte - baguette, où on la fera couler dans les tenons jufqu'à ce que le gros bout ne dépaffe plus que de fix pouces le bout du canon, & on placera le milieu du petit doigt fur le gros bout de la baguette, la main demi-fermée.

Au fixième, on l'enfoncera d'un feul coup, & on replacera la main droite au bout du canon à hauteur du bois.

I I.
Portez vos armes.

En trois temps :

Au premier, on élèvera le fufil de la main gauche, & on le faifira de la main droite à la poignée, la main gauche à hauteur des yeux.

Au deuxième, plaçant la main gauche fous la croffe, & faifant *face en tête* en replaçant le pied droit à côté du gauche, on tiendra le fufil perpendiculaire vis-à-vis & à un demi - pied de diftance de l'épaule gauche, la batterie à hauteur de l'épaule.

Au troifième, on attirera avec la main gauche le fufil contre l'épaule gauche, & la main droite fe replacera en même temps fur la cuiffe.

I 2.
Baïonnette en avant.

En deux temps :

Au premier, on portera la main droite à la poignée du fufil, le pouce alongé fur la contre-platine.

Au deuxième, on amènera avec la main droite la croffe fous le bras droit, faifant en même temps un *demi à droite fur le talon gauche*, & plaçant le pied droit en équerre, les talons joints, on faifira le fufil de la main gauche à la capucine pour préfenter la baïonnette en avant, couchant le fufil horizontalement;

horizontalement; savoir, les Dragons du premier rang le tenant à hauteur de la hanche droite, le canon en dessus, la baguette en dessous, le fusil appuyé sur le côté; & ceux du second rang plaçant le bec de la crosse à hauteur & près de la hanche droite, & le bout du canon à hauteur du cimier du casque.

Lorsqu'une troupe sera formée sur quatre rangs, les deux derniers rangs exécuteront le second temps en faisant *haut les armes*, tenant le fusil perpendiculaire vis-à-vis l'épaule droite, la main droite à la poignée & la main gauche à la capucine, à hauteur des yeux, effaçant le corps à droite en faisant en même temps un *demi à droite sur le talon gauche*, ainsi que les premiers rangs.

Dans le cas où l'on voudra porter une troupe en avant pour charger à l'arme blanche, on fera le commandement, *marche*; & alors les Dragons feront *face en tête*, tenant toujours la baïonnette directement en avant le plus qu'il sera possible.

13.
Portez vos armes.

EN deux temps:

Au premier, on portera de la main droite le fusil vis-à-vis l'épaule gauche, on placera en même temps la main gauche sous la crosse pour le tenir perpendiculaire, la batterie à hauteur de l'épaule, en faisant *face en tête* & replaçant le pied droit à côté du gauche.

Au deuxième, on attirera avec la main gauche le fusil contre l'épaule gauche, replaçant en même temps la main droite sur le côté.

14.
Baïonnette en son lieu.

EN sept temps:

Au premier, on portera la main droite à la poignée du fusil sans le remuer.

Au deuxième, faisant un *demi à droite sur le talon gauche*, on placera le pied droit en équerre derrière le gauche, les talons joints, & on détachera en même temps le fusil de l'épaule, le faisissant de la main gauche à hauteur de l'œil, au - dessous de l'anneau de la grenadière, le pouce en dedans, le fusil perpendiculaire & près du corps, la platine en dehors, le coude gauche près du fusil, le bras droit demi-tendu.

Au troisième, quittant le fusil de la main droite, on le baissera de la gauche jusqu'à ce que la crosse arrive à deux pouces de terre, le fusil collé à la cuisse, & on placera la main droite au bout du canon à hauteur du bois.

Au quatrième, on appuiera la crosse à terre à quatre pouces du pied gauche, sur l'alignement de la boucle.

Au cinquième, on donnera un coup vif avec le dessus du premier doigt de la main droite en empoignant la baïonnette à la douille pour, en la tournant, la déboîter & la tenir perpendiculaire au-dessus & près du canon.

Au sixième, on détachera un peu le fusil du corps sans déranger la crosse, & baissant un peu la tête, on remettra la baïonnette dans le fourreau, relevant ensuite la tête.

Au septième, on rapprochera le fusil du corps, & on reportera la main droite au bout du canon.

15.

Portez vos armes.

EN trois temps :

Au premier, on élèvera le fusil de la main gauche, & on le saisira de la main droite à la poignée, la main gauche à hauteur des yeux.

Au deuxième, plaçant la main gauche sous la crosse, & faisant *face en tête* en replaçant le pied droit à côté du gauche, on tiendra le fusil perpendiculaire vis - à - vis & à un demi-pied de distance de l'épaule gauche, la batterie à hauteur de l'épaule.

Au troisième, on attirera le fusil contre l'épaule gauche, replaçant en même temps la main droite sur la cuisse.

Les Officiers & Maréchaux-des-logis qui resteront dans les rangs pendant le maniement des armes, effaceront le corps à droite & feront *face en tête* en même temps que la troupe dans tous les cas où ce mouvement est indiqué.

DE LA CHARGE DU FUSIL
À VOLONTÉ.

QUAND après le maniement des armes & avant d'avoir fait remettre la baïonnette en son lieu, on voudra exercer les Dragons à charger vite & sans intervalle entre les temps, on fera l'avertissement, *prenez garde à vous*, & ensuite le commandement :

Chargez vos armes.

ON portera la main droite à la poignée du fusil, on le dégagera de l'épaule en faisant un *demi à droite sur le talon gauche*, & plaçant le pied droit en équerre derrière le gauche, les talons joints, on passera la crosse sous le bras droit, saisissant le fusil de la main gauche à la capucine, pour le tenir le bout du canon à hauteur du cimier du casque, la platine vis-à-vis la poitrine à hauteur du teton droit, plaçant le pouce de la main droite devant la batterie, pour ouvrir le bassinet, prendre ensuite la cartouche & charger le fusil ainsi qu'il est prescrit au maniement des armes, ce qui étant exécuté, on reportera le fusil à l'épaule sans se régler sur personne ni sans attendre de commandement.

On exercera souvent les Dragons à charger le fusil, afin qu'ils acquerrent la plus grande aisance & qu'ils parviennent à le faire avec toute la célérité possible, devant regarder cet objet comme un des plus essentiels & auquel on doit porter toute son attention.

Le maniement des armes étant fini, le Commandant fera faire un roulement, après lequel le Lieutenant-colonel & l'homme-d'aile iront reprendre la place qu'ils occupoient avant le maniement des armes, & le Tambour ira rejoindre les autres.

Lorsque le Commandant jugera à propos d'exercer les Officiers à saluer, il les fera sortir des rangs pour occuper leur place de parade & saluer de leurs armes, & les Porte-guidons du guidon, de pied-ferme & en marchant, décidant du lieu & du moment où le salut devra se faire; après quoi il leur ordonnera de reprendre leurs places dans les rangs pour ensuite exercer avec la troupe.

Lorsqu'après le maniement des armes , pendant les évolutions ou autres occasions , on voudra expliquer quelque chose ou qu'on voudra faire reposer le Dragon , & lui donner la facilité de sortir du rang , on commandera, *la crosse à terre*, ce qui s'exécutera ainsi qu'il est prescrit au septième commandement du petit maniement des armes : on commandera ensuite , *repos ;* alors le Dragon laissera tomber son fusil dans le bras droit, la main à plat sur le bois, il pourra essuyer son fusil, rajuster les parties de son équipement qui en auroient besoin, parler & sortir du rang en laissant cependant son fusil à son camarade.

On aura soin de donner souvent ce moment de repos pour soulager le Dragon & ménager son attention.

Quand on voudra continuer l'exercice, on fera l'avertissement, *prenez garde à vous ;* auquel le Dragon se préparera à exécuter les commandemens qui devront lui être faits , & prêtera la plus grande attention: on commandera ensuite , *portez vos armes,* ce qui s'exécutera ainsi qu'il est prescrit au dixième commandement du petit maniement des armes.

PRINCIPES GÉNÉRAUX
POUR LA MARCHE ET LES ÉVOLUTIONS.

LA marche doit être considérée comme un des objets le plus essentiel des exercices à pied, & en même temps comme un de ceux qui exige le plus d'aisance dans l'exécution, puisque c'est d'elle que dépendent la justesse & la célérité des mouvemens; elle sera divisée en plusieurs parties afin de déterminer la longueur & la durée des différens pas dont on se servira relativement à ce qu'on voudra exécuter.

On distinguera trois sortes de marche , celle en ligne directe, celle en ligne oblique & la marche de conversion.

La marche devant soi en ligne directe se fera par quatre sortes de pas, le pas raccourci , le pas ordinaire , le pas redoublé & le pas de course.

Le pas raccourci se fera en portant le talon gauche à

hauteur

hauteur de la pointe du pied droit & succeſſivement le talon droit à hauteur de la pointe du pied gauche, ſa durée ſera de deux ſecondes, & à chacun de ces pas, les deux pieds reſteront à terre l'eſpace d'une ſeconde avant d'en faire un nouveau.

La longueur du pas ordinaire ſera d'environ deux pieds, & ſa durée d'environ une ſeconde.

On exercera les recrues au pas ordinaire de la manière ſuivante :

> On portera la jambe gauche en avant, en baiſſant un peu la pointe du pied, & s'élançant ſuffiſamment de la pointe du pied droit, on poſera le pied gauche à terre, commen- çant par le talon, établiſſant en même temps le poids du corps ſur cette jambe, on pliera le genou droit pour avancer la cuiſſe d'à - plomb, laiſſant la pointe du pied à terre un inſtant ; on achèvera enſuite ce pas de la jambe droite pour le répéter de la gauche, & ſucceſſivement, tenant la tête haute, le corps aiſé, les épaules libres, marchant naturelle- ment & ſans affectation quelconque.

La longueur du pas redoublé ſera de dix-huit pouces environ, le tout d'un talon à l'autre, & ſa durée d'une demi- ſeconde, il ſe fera le genou un peu crochu en portant le poids du corps en avant, & marquant les premiers pas plus fermes que les autres.

La longueur du pas de courſe ſera de même de dix-huit pouces environ, & ſa durée d'un quart de ſeconde environ, il ſe fera auſſi le genou un peu crochu en portant le haut du corps en avant pour en rendre l'exécution plus facile ; on s'en ſervira tout au plus l'eſpace que la dernière diviſion d'un régiment en colonne, aura à parcourir pour ſe mettre en bataille.

Le pas oblique ſe fera dans l'eſpace d'une ſeconde, il ſera environ de dix-huit pouces & s'exécutera de la manière ſuivante :

Si c'eſt à droite, on partira du pied gauche en avant, le pied droit ſe portera obliquement à droite & le pied gauche ſe portera en avant vis-à-vis la pointe du pied droit, ſi c'eſt à gauche on exécutera le contraire.

On redoublera le pas oblique comme le pas ordinaire, en faisant deux pas obliques dans l'espace d'une seconde.

Le pas de flanc s'exécutera toujours au pas redoublé, en portant le pied gauche à hauteur du pied droit du Dragon qui précèdera, il se fera les genoux très-crochus, le pas bien marqué, & sans que les files s'ouvrent.

Le pas que chaque Dragon doit faire en marchant en ligne circulaire pour faire un *quart de conversion*, doit être plus raccourci ou plus alongé selon que celui qui le fait se trouve plus près ou plus éloigné du pivot.

Le pas en arrière ne sera que d'un pied environ, on l'exécutera en portant tout de suite le pied gauche en arrière sans le marquer en avant, & ensuite le droit; il se fera dans l'espace d'une seconde, & l'on ne s'en servira que pour ouvrir les rangs en arrière ou pour parcourir un très-petit espace.

On s'attachera à enseigner aux Dragons à porter, en marchant, leurs armes, de manière qu'elles ne chancellent pas, à marcher carrément devant eux & alignés dans leur rang, à partir du pied gauche pour toutes sortes de pas, à garder leur distance, sans ouvrir ni serrer ni leurs files ni leurs rangs & à s'arrêter au commandement, *halte*, en plaçant sur le champ le pied qui sera derrière sur le même alignement de celui de devant.

Lorsqu'en marchant, on voudra faire passer la troupe d'un pas à un autre, on fera l'avertissement de l'espèce de pas qu'on voudra faire marcher, & on commandera ensuite, *marche*; à ce commandement, on achèvera le pas qui sera commencé, & l'on partira de l'autre jambe pour exécuter celui qui aura été ordonné.

Le pas de course sera sous-entendu par le commandement, *marche*, *marche*; après lequel on l'exécutera en se conformant à ce qui vient d'être prescrit.

Lorsque les Dragons auront été exercés sur ces principes, & qu'ils seront parvenus au point de bien exécuter tous ces différens pas, il suffira alors d'avoir pour objet d'arriver par la voie la plus courte sur les différens points déterminés dans les évolutions, en observant toutefois que les Dragons marchent en bon ordre, sans les assujettir à une attention également tendue dans tous les momens, & sans exiger le plus parfait alignement qui, dans le fait, seroit impossible au bout d'un certain temps, du moins extrêmement difficile, & qui appésantiroit tous les mouvemens qui au contraire doivent être faits avec la plus grande célérité.

On rétablira à la fin de chaque mouvement le peu de flottement qu'il pourroit y avoir dans les rangs en faisant le commandement, *halte*, *alignement*; auquel les Dragons s'aligneront avec la plus scrupuleuse attention & dans un clin d'œil.

Quant à la manière de s'aligner, chaque Dragon verra du coin de l'œil l'estomac du second homme qui sera à sa droite ou à sa gauche selon le côté où on s'alignera; on suivra d'ailleurs ce qui est prescrit au chapitre *des principes pour les manœuvres à cheval*.

Pour faciliter l'alignement, les Capitaines qui seront sur les ailes du régiment, s'avanceront au commandement, *marche*, deux pas en avant du premier rang, ils auront attention de marcher bien droits devant eux & de s'aligner avec l'Officier qui marchera au centre, ces trois Officiers serviront d'alignement à tout le régiment.

Les Officiers-majors veilleront à ce que le régiment conserve en marchant en bataille ses files bien aisées, & parcourront à cet effet continuellement le régiment de la droite à la gauche, ayant attention de parler à voix basse.

DE LA MARCHE EN COLONNE.

Toutes les fois qu'un régiment devra se rompre pour marcher en colonne, le Commandant de chaque division se portera au pas redoublé au centre de la division à deux pas en avant du premier rang, à la fin du commandement pour rompre le régiment, & dès que la division se remettra en bataille, il reprendra sa place ordinaire dans le rang.

Tous les autres Officiers, Fourriers & Maréchaux-des-logis de chaque division, resteront à leur place ordinaire en serre-file ou dans les rangs.

Les Tambours du régiment se placeront sur le flanc de la colonne ou sur le flanc de l'escadron, & lorsque le terrain ne leur permettra pas d'y marcher, ils se placeront dans la colonne à la tête de leur escadron, ou tous à la tête du régiment si le Commandant le juge à propos.

Si les divisions sont en colonne pour manœuvrer, les rangs resteront serrés, & toutes les divisions se mettront en mouvement à la fois pour marcher, en conservant toujours entre elles un espace égal à l'étendue de leur front, comptant cette distance du premier rang de la division au premier rang de celle qui précèdera.

Si au contraire, la colonne avoit à se porter en avant, les rangs s'ouvriront sans commandement à la demi-distance, le premier rang de toutes les divisions s'ébranlera en même temps, & ensuite le second, & successivement le troisième & le quatrième si l'on étoit formé sur quatre rangs.

Si le front des divisions ne permet pas d'ouvrir les rangs à deux pas de distance sans alonger la colonne; la première division se mettra en mouvement seule successivement par rang, puis la seconde & ainsi des autres; observant qu'il n'y ait alors que deux pas de distance entre l'Officier qui sera à la tête de la division, & les serre-file de celle qui la précèdera.

Lorsqu'en marchant, il se trouvera quelque empêchement qui ne permettra pas au front de la colonne de passer en entier, les Dragons de la gauche de chaque rang qui ne pourront pas marcher devant eux prendront le pas raccourci au commandement de l'Officier pour doubler par le pas oblique derrière ceux du même rang qui auront marché, dès que les premiers les auront dépassé, la même chose s'observera par ceux de la droite si le défilé est à gauche.

Le

Le mouvement ne se commencera dans chaque division que tout près du défilé, & dès qu'elle l'aura passé, elle dédoublera ses files, les parties de rang qui auront été rompues se rejoindront en redoublant le pas, afin qu'il n'y ait aucun retard à la marche de ceux qui les suivront, & que chaque division conserve toujours la même profondeur sans l'augmenter, mais la première division après avoir passé le défilé de dix ou douze pas, marchera le pas raccourci pour donner le temps aux autres divisions de dédoubler leur file, elle prendra ensuite le pas ordinaire que toutes les autres divisions prendront successivement.

Quand après avoir ainsi marché à rangs demi-ouverts, on voudra former le régiment en bataille, le Commandant en fera l'avertissement & les rangs se serreront, les Tambours sortiront de la colonne s'ils y sont pour se placer sur le flanc.

Si la colonne occupe alors plus de terrain que le régiment ne doit en avoir étant formé, la première division prendra le pas raccourci, tandis que les autres se serreront sur elles au pas redoublé jusqu'à ce qu'elles soient arrivées à la distance prescrite ; quand la dernière division sera arrivée, on commandera, *marche*, & toutes les divisions marcheront à rangs serrés jusqu'à ce qu'on leur fasse faire un *quart de conversion* pour les mettre en bataille.

DE LA MARCHE EN BATAILLE.

LORSQU'UN régiment marchera en bataille, il portera ses armes & marchera le pas ordinaire, les rangs ouverts à deux pas de distance, les Tambours battant *aux champs* ; lorsqu'on fera le commandement de marcher au pas redoublé, les Tambours battront *la charge*, mais on ne fera *haut les armes* qu'au commandement qui en sera fait, & alors les derniers rangs se serreront entièrement sur le premier ; on fraisera de même le régiment en présentant la baïonnette en avant pour charger à l'arme blanche lorsqu'on en fera le commandement.

Les rangs seront toujours serrés dans les évolutions,

mais au mot *marche*, ils prendront deux pas de distance sans commandement & se resserreront d'eux - mêmes au commandement *halte*, soit en bataille ou en colonne.

On exercera chaque régiment à marcher le *pas redoublé* jusqu'à quatre ou cinq cents pas de suite, & à exécuter aussi le *pas de course* jusqu'à deux cents pas dans toute sorte de terrain.

DE LA MARCHE DE CONVERSION.

LA conversion s'exécutera à rangs ouverts comme à rangs serrés.

Elle s'exécutera à rangs ouverts lorsqu'on sera en colonne, & qu'elle devra se faire successivement, & à rangs serrés lorsqu'on sera en bataille ou en colonne & qu'elle devra se faire en même temps par toutes les divisions.

Pour exécuter le *quart de conversion* à rangs ouverts, le pivot du premier rang observera de parcourir un petit quart de cercle, pour céder son terrain à celui du second rang qui se serrera sur lui & reprendra ensuite sa distance après le quart de conversion, sans attendre de commandement, l'aile marchant au pas redoublé.

Mais lorsque l'aile devra marcher le même pas que celui de la colonne, le pivot de chaque rang de la division qui tournera se serrera de même sur le pivot du premier rang qui observera de parcourir un quart de cercle plus ou moins grand, relativement à la quantité de rangs dont seront composées les divisions, ce quart de cercle sera calculé à trois pieds environ par rang, c'est-à-dire que si la division est composée de deux rangs, le quart de cercle que devra parcourir le pivot sera de six pieds environ, & de douze si elle étoit composée de quatre rangs, de manière que la division qui tournera, ayant fait la moitié du quart de conversion, la division qui suivra devra arriver sur le terrain où la première l'aura commencée; & lorsque celle-ci l'aura achevée, l'autre en aura fait la moitié, au moyen de quoi il se trouvera toujours deux divisions sur le même quart de cercle, l'aile obſervant la même diſtance d'une diviſion à l'autre que celle qui lui eſt preſcrite en colonne, & les pivots des deux diviſions ſe ſerrant près les uns des autres.

Lorſque la converſion devra ſe faire par toutes les diviſions enſemble, en colonne ou en bataille, le pivot de chaque diviſion aura attention à ne point perdre de terrain & à ſoutenir quarrément.

Lorſque la converſion devra ſe faire légèrement, les Dragons de l'aile qui devra tourner l'exécuteront ainſi qu'il aura été preſcrit, & dès qu'elle ſera achevée, ils s'aligneront vivement au commandement qui leur en ſera fait.

DES MANŒUVRES
PAR RANGS ET PAR FILES.

LORSQU'UN régiment ſera en bataille à rangs ſerrés, & qu'on voudra faire ouvrir les rangs en avant, on commandera :

1.
Prenez garde à vous.

2.
A deux (ou à quatre) pas, ouvrez les rangs.

3.
Marche.

LE dernier rang ne bougera, le premier rang partira ſeul, marchant le pas ordinaire, & s'arrêtera après avoir fait deux (*ou* quatre) pas.

Pour faire ouvrir les rangs en arrière, on commandera :

1.
Prenez garde à vous.

2.
A deux (ou à quatre) pas, ouvrez les rangs en arrière.

3.
Marche.

Le premier rang ne bougera, le second rang partira marchant le pas en arrière, & ne s'arrêtera qu'après avoir fait quatre (*ou* huit) pas.

Pour serrer les rangs, on commandera :

1.

Prenez garde à vous.

2.

Serrez vos rangs.

3.

Marche.

Le premier rang ne bougera, le second rang marchera en avant pour se serrer sur le premier.

Les Officiers & Fourriers, tant de serre-file qu'autres, feront toujours le même mouvement que la troupe, soit en ouvrant ou en serrant les rangs.

DES À DROITE, DES À GAUCHE ET DES DEMI-TOURS À DROITE PAR FILE.

1.

Prenez garde à vous.

2.

A droite.

En un temps :

On tournera à droite sur le talon gauche, en élevant le pied droit, qu'on replacera à côté du gauche.

A gauche (ou front).

On tournera à gauche sur le talon gauche, en élevant de même le pied droit, qu'on replacera à côté du gauche.

Demi-tour à droite.

En trois temps, d'un seul mouvement :

Si c'est de pied-ferme, au premier on portera le pied droit derrière le gauche, la pointe vis-à-vis & près du talon

talon gauche, le pied formant un équerre & effaçant un peu le corps à droite.

Au deuxième, en tournant encore le corps à droite, on élevera le pied gauche pour le tourner en dedans, replaçant le talon à la même place, les pieds formant encore un équerre.

Au troisième, on achèvera de tourner à droite en élevant le pied droit pour le tourner en dehors & le placer à côté du gauche.

Le demi-tour à droite en marchant s'exécutera de même en trois temps, en faisant trois petits pas sous soi & de la même vitesse dont la troupe alloit précédemment ; il se commencera indifféremment de l'une ou de l'autre jambe, observant d'achever le pas qui sera commencé après le commandement, ainsi que cela est prescrit pour passer d'un pas à un autre.

Lorsqu'on le commencera de la jambe gauche, on la croisera par-dessus la droite en faisant un pas sous soi, & tournant le corps à droite.

Au deuxième temps, on fera un second à droite en faisant de même un pas sous soi de la jambe droite.

Au troisième, on se portera en avant de la jambe gauche, où l'on assemblera si on commande *halte*.

Lorsqu'on commencera ce mouvement de la jambe droite, on la rapprochera de la gauche en posant le pied en dehors & tournant le corps à droite ; on achèvera ce mouvement en se conformant aux mêmes régles que ci-dessus.

Pour faire *face en tête*, au lieu du commandement, *demi-tour à droite*, on commandera, *front*.

DES DOUBLEMENS DE DIVISIONS.

POUR augmenter la profondeur du régiment en diminuant son front, on commandera :

1.

Prenez garde à vous pour doubler les divisions.

2.

Marche.

La seconde & la quatrième division de chaque escadron feront trois pas en arrière & assembleront le quatrième.

3.

A droite & à gauche.

4.

Marche.

Au troisième commandement, le demi-rang de la droite du régiment fera *à gauche*, & le demi-rang de la gauche fera *à droite*, à l'exception de la division de la gauche du second escadron & de celle de la droite du troisième escadron, qui ne bougeront, & toutes les autres divisions se mettront en mouvement au quatrième commandement, marchant le pas de flanc pour doubler sur leurs seconde & première divisions.

A mesure que les divisions arriveront sur le centre, le Commandant de chaque division commandera, *front*, *alignement*, & toute la division fera *face en tête* & s'alignera vivement.

Pour dédoubler les divisions, on commandera:

1.

Prenez garde à vous pour dédoubler les divisions.

2.

A droite & à gauche.

3.

Marche.

Au deuxième commandement, le demi-rang de la droite du régiment fera *à droite*, & le demi-rang de la gauche fera *à gauche*, à l'exception des deux divisions du centre.

Au troisième commandement, elles marcheront le pas de flanc.

Dès que la file gauche de la troisième division du second escadron sera à hauteur de la file droite de la quatrième division, & que la file droite de la seconde division du troisième escadron sera à hauteur de la file gauche de la première; le Commandant de chacune de ces divisions leur commandera, *front*, *alignement*; la seconde division du troisième escadron ayant fait *front*, se portera vivement en avant, ainsi que la quatrième division du second escadron, pour s'aligner vivement sur le centre, ce qui s'exécutera successivement de même par toutes les autres divisions du régiment.

DES ÉVOLUTIONS.

LES évolutions que les régimens de Dragons auront à exécuter à pied, consisteront à se rompre ou à se reformer en bataille & en colonne, à diminuer ou à augmenter le front de la colonne, à se mettre en bataille & à changer de front suivant les circonstances.

Ces évolutions seront analogues aux manœuvres à cheval, afin de ne point compliquer l'attention du Dragon, & en rendre l'exécution facile & intelligible.

Pour rompre un régiment ou le former en colonne en avant, on commandera :

1.

Prenez garde à vous.

2.

escadron, ⎫ *rompez le régiment en avant*
compagnie, ⎬ ou
division, ⎭ *formez la colonne en avant.*

3.

Marche.

Si le commandement a été pour se rompre, l'escadron, la compagnie ou la division de la droite se portera en avant, le second rang prenant deux pas de distance, tandis que les autres feront un *demi-quart de conversion à droite*, pour se porter à rangs demi-ouverts diagonalement sur la direction de la première division, où en arrivant ils feront successivement un *demi-quart de conversion à gauche* pour prendre leur rang dans la colonne.

S'il a été ordonné de former la colonne, les mêmes

divisions feront un *quart de converfion à droite*, pour fe porter à rangs demi-ouverts fur le terrain qu'occupoit la première division, & à mefure qu'elles arriveront à la hauteur de la première divifion, elles feront fucceffivement un *quart de converfion à gauche*, toujours à rangs demi-ouverts pour marcher fur fa direction.

Si au lieu de rompre le régiment en avant, on veut le mettre en colonne par un *à droite* ou par un *à gauche*, on commandera :

1.

Prenez garde à vous.

2.

efcadron,
compagnie,
divifion,
} *à droite* (ou *à gauche*).

3.

Marche.

LA droite de chaque efcadron, compagnie ou divifion foutiendra, & la gauche marchera légèrement, reftant à rangs ferrés, ou fi c'eft à gauche, la gauche foutiendra & la droite marchera.

Si l'on doit marcher enfuite en avant, le fecond rang de chaque divifion prendra fans commandement deux pas de diftance.

Lorfqu'un régiment devra fe rompre par la droite pour marcher vers la gauche ou par la gauche pour marcher vers la droite, la divifion de la droite ou de la gauche par laquelle on devra fe rompre, marchera en avant jufqu'à la diftance qui lui fera défignée & fera enfuite un *quart de converfion à gauche* ou *à droite*. Pour paffer devant le front du régiment, lorfque cette première divifion aura dépaffé la dernière file de la feconde, d'environ fon front, celle-ci fe mettra en mouvement pour marcher en avant jufqu'à la même hauteur que la première, & faire comme elle un *quart de converfion* pour prendre rang dans la colonne, & ainfi des autres.

AUGMENTER

AUGMENTER *ou* DIMINUER
LE FRONT D'UNE COLONNE.

LORSQU'ON voudra augmenter le front d'une colonne, ou le diminuer, on suivra le même principe qui est prescrit dans les manœuvres à cheval.

DES DIFFÉRENTES MANIÈRES
DE FORMER UN RÉGIMENT EN BATAILLE.

LORSQU'UN régiment marchera en colonne, & qu'on voudra le former en bataille, si c'est en avant, après qu'on en aura fait le commandement ; la première division se portera quatre pas *en avant*, le second rang se serrant sur le premier, elle sera *halte* & s'alignera aussitôt ; les autres divisions feront en même temps un *demi-quart de conversion à gauche* pour se porter *en avant* & se former successivement *à la gauche* les uns des autres, sur l'alignement de la première, les premières divisions marchant le *pas redoublé*, & les dernières le *pas de course*, & s'aligneront au commandement qui leur en sera fait.

Si au lieu de se former en bataille *en avant*, on veut se former par un *à gauche* ou un *à droite* par division, &c. après que l'avertissement en aura été fait, les rangs se serreront & feront ensuite un *quart de conversion à gauche* ou *à droite*, après lequel on s'alignera aussitôt.

Si la nature du terrain obligeoit d'exécuter cette manœuvre sur le centre, le demi-rang de la gauche ou de la droite de chaque division feroit son *quart de conversion* en reculant & l'autre en avançant.

Lorsqu'on voudra se mettre successivement en bataille sur la droite ou sur la gauche, on suivra ce qui est prescrit dans les manœuvres à cheval, ainsi que pour se former obliquement sur la droite ou sur la gauche.

DES CHANGEMENS DE FRONT.

On exécutera de même tout ce qui a été prescrit à cet égard dans les manœuvres à cheval.

DE L'EXERCICE À FEU.

Pendant l'exécution des feux, le régiment gardera le plus profond silence; les Officiers, les Fourriers & les Maréchaux - des - logis porteront leurs armes; ils auront continuellement les yeux sur leurs Dragons sans leur parler pour les reprendre ni quitter leur poste.

Les Commandans des compagnies & escadrons feront leurs commandemens d'un ton ferme & bref, & ces divisions les exécuteront immédiatement après; mais les Officiers auront attention de ne faire le commandement *feu*, qu'après avoir examiné si le Dragon est ferme dans sa position & s'il ajuste bien.

Les rangs & les files ne seront pas trop serrés pendant l'exécution des feux, afin que les Dragons puissent charger librement.

Les Dragons prendront toujours leurs cartouches de leurs gibernes, & on punira ceux qui ne seroient que semblant de charger ou qui jetteroient leurs cartouches.

Toutes les fois qu'un régiment devra faire *feu* en bataille, on l'exercera à tirer de pied-ferme & en marchant, soit par compagnie, escadron, par deux escadrons (ou demi-rangs) & par régiment.

Les régimens chargeront leurs armes avant de commencer l'exercice à feu, & pour cet effet on fera les commandemens prescrits pour charger les armes, auquel les Dragons chargeront leur fusil & le reporteront ensuite.

Lorsque tout le régiment devra tirer, le Commandant fera les commandemens, si ce doit être par compagnie, il avertira de l'espèce de feu qui devra être exécuté, & le

Commandant de chaque compagnie en fera le commandement à sa compagnie.

Lorsque le Dragon en finissant l'exercice à feu, aura été averti qu'il ne doit plus charger après avoir tiré, dès qu'il aura fait feu & qu'il sera remis dans la position prescrite au maniement des armes après avoir fait feu, il mettra le chien en son repos, fermera le bassinet, après quoi il portera son fusil à l'épaule en deux temps :

> Au premier, il élèvera le fusil pour le tenir perpendiculaire vis-à-vis l'épaule gauche, le soutenant de la main gauche sous la crosse.

> Au deuxième, il achèvera de porter le fusil, & s'alignera aussitôt.

COMMANDEMENS DONT ON SE SERVIRA
DANS TOUS LES FEUX.

1.

Compagnie, escadron, ou *demi-rang de droite ou de gauche.*

Ce commandement ne servira que d'avertissement pour que tous les Dragons qui devront tirer regardent à droite ou à gauche, & se tiennent prêts à exécuter les commandemens suivans.

2.

Apprêtez vos armes.

3.

En joue.

4.

Feu.

Ces commandemens s'exécuteront ainsi qu'il est prescrit au maniement des armes, après quoi le Dragon rechargera son fusil & le portera à l'épaule.

Les Officiers qui commanderont, mettront le même intervalle & le même ton à leur commandement.

On fera cesser tous les feux par un roulement, & les

Officiers commandant lesdits feux feront porter les armes à leur troupe, quand bien même elles feroient prêtes à mettre en joue, & ils rentreront ensuite dans le rang.

DE L'EXÉCUTION DES DIFFÉRENS

FEUX DE PIED-FERME.

POUR FAIRE FEU PAR COMPAGNIE.

Le Commandant du régiment fera l'avertissement suivant :

Compagnies, prenez garde à vous pour faire feu.

A cet avertissement, le Commandant de chaque compagnie fera un pas en avant, puis *à gauche*, à l'exception du Capitaine de la gauche de chaque escadron, qui fera *à droite* après avoir fait de même un pas en avant; les Sous-lieutenans feront en même temps un pas en avant pour s'aligner avec le premier rang, & reprendront leurs places dès que les feux cesseront.

L'Officier de la première compagnie fera aussitôt à sa troupe l'avertissement, *compagnie*, & ensuite les commandemens, *apprêtez vos armes, en joue, feu.*

Quand cette compagnie apprêtera ses armes, l'Officier de la huitième compagnie fera à sa troupe les mêmes commandemens.

Lorsque la première compagnie fera feu, le Commandant de la seconde compagnie du premier escadron fera à sa troupe l'avertissement, *compagnie*, & ensuite les autres commandemens.

L'Officier de la compagnie de la droite du quatrième escadron en fera de même quand celle de la gauche fera feu, & ainsi alternativement jusque vers le centre.

S'il n'y a pas eu de roulement pendant le feu, l'Officier de la première compagnie du régiment fera à sa troupe l'avertissement, *compagnie*; lorsque la première compagnie du troisième escadron fera feu, pour recommencer le feu par la droite & le continuer ainsi qu'il vient d'être prescrit.

Pour

POUR FAIRE FEU PAR ESCADRON.

LE Commandant du régiment fera l'avertissement:

Escadrons, prenez garde à vous pour faire feu.

A cet avertissement, le Commandant de chaque escadron fera un pas en avant, puis à gauche, & le Commandant du premier escadron fera l'avertissement, *escadron*, & ensuite les commandemens, *apprêtez vos armes, en joue, feu.*

Un temps après que le premier escadron aura fait *feu*, le Commandant du quatrième escadron fera l'avertissement, *escadron.*

Le Commandant du second escadron en fera de même après que le quatrième escadron aura fait *feu*, & successivement celui du troisième escadron.

Le premier escadron recommencera son feu un temps après que le troisième escadron aura exécuté le sien, & jusqu'à ce que l'on ordonne de cesser.

POUR FAIRE FEU PAR DEUX ESCADRONS ou DEMI-RANGS.

LE Commandant fera l'avertissement:

Demi-rangs, prenez garde à vous pour faire feu.

A cet avertissement, le Commandant du demi-rang de la droite se portera deux pas en avant, & fera les commandemens qui viennent d'être prescrits.

On aura attention que le demi-rang qui aura fait *feu* ait rechargé ses armes avant de faire tirer l'autre.

Lorsque le demi-rang qui aura fait *feu* aura reporté ses armes, le Commandant du demi-rang de la gauche fera à ce demi-rang les commandemens nécessaires pour faire feu.

POUR FAIRE FEU PAR RÉGIMENT.

LE Commandant du régiment fera l'avertissement:

Régiment, prenez garde à vous pour faire feu.

Il fera ensuite les autres commandemens.

Lorsqu'on voudra faire *feu* en se formant en bataille ou en changeant de front, la première troupe qui arrivera commencera son feu, celle qui arrivera ensuite exécutera le sien, & successivement toutes les autres à mesure qu'elles arriveront.

POUR FAIRE FEU EN MARCHANT EN BATAILLE.

LE Commandant du régiment fera marcher le *pas raccourci* ou le *pas ordinaire*, comme il le jugera à propos; s'il veut faire exécuter le feu par compagnie, il fera l'avertissement:

Compagnies, prenez garde à vous pour faire feu.

A cet avertissement, le régiment continuera de marcher le même pas, & le Commandant de la première compagnie, après avoir fait à sa troupe l'avertissement, *compagnie*, il lui fera le commandement, *marche*; alors cette compagnie se portera, au pas redoublé, à six pas en avant & fera *halte*, assemblant du septième pas: le Commandant fera ensuite les commandemens, *apprêtez vos armes*, *en joue*, *feu*; cette troupe les ayant exécutés, chargera vivement ses armes, & après que tous les Dragons auront porté leurs armes, il commandera, *marche, marche*, & cette compagnie rejoindra légèrement le régiment, qui ayant toujours marché son même pas, se trouvera avoir dépassé de peu de chose la troupe qui viendra de faire *feu*.

Dès que la première compagnie se sera portée six pas *en avant*, le Commandant de la huitième compagnie fera à sa troupe l'avertissement, *compagnie*, & ensuite les autres commandemens pour faire *feu*, ce qui s'exécutera alternativement par toutes les compagnies jusque vers le centre du régiment.

On s'attachera à mettre toute la précision possible dans cette manœuvre:

POUR FAIRE FEU EN MARCHANT EN RETRAITE.

LE Commandant du régiment fera marcher le pas raccourci; s'il veut faire exécuter le feu par compagnie, il fera l'avertissement:

Compagnies, prenez garde à vous pour faire feu.

A cet avertissement, le régiment continuera de marcher le même pas, & le Commandant de la première compagnie, après avoir fait à sa troupe l'avertissement, *compagnie,* il lui fera le commandement, *front,* ce qui étant exécuté, il commandera, *apprêtez vos armes, en joue, feu,* & les Dragons ayant tiré, reporteront aussitôt les armes & feront *demi-tour à droite* au commandement qui leur en sera fait : on commandera ensuite, *marche, marche,* & ils se porteront en avant pour se réunir au régiment, qu'ils rejoindront au pas de course, où étant arrivés, ils rechargeront leurs armes en continuant de marcher.

POUR FAIRE LE FEU DE BILLEBAUDE.

LE Commandant du régiment fera l'avertissement.

Régiment, prenez garde à vous pour le feu de billebaude.

IL commandera ensuite :

1.

Apprêtez vos armes.

2.

Feu.

Au premier commandement, les deux rangs feront *haut les armes,* & armeront le fusil.

Au deuxième commandement, le deuxième rang commencera à tirer par les ailes de chaque compagnie : aussitôt qu'il aura tiré, le premier rang commencera à tirer de même par les ailes de chaque compagnie, & successivement jusqu'à ce que l'on ordonne de cesser.

DU PASSAGE D'UN DÉFILÉ
EN PRÉSENCE DE L'ENNEMI.

LE passage d'un défilé en avant, s'exécutera à pied ainsi qu'il est prescrit à cheval, & les dernières divisions passeront lestement, pour ensuite aller au *pas de course* former le régiment.

Quant au passage du défilé en arrière, on continuera

de marcher en bataille jusqu'à dix pas du défilé, que l'on tâchera de mettre derrière le centre, & on se remettra *face en tête* si on faisoit face au défilé; on passera ensuite le défilé par les ailes, ainsi qu'il est prescrit à cheval, chaque division faisant *feu* avant de faire son mouvement en arrière, qui s'exécutera par un *demi-tour à droite* par homme; quand elles auront passé le défilé & qu'elles auront longé de droite & de gauche les bords de la rivière ou du marais, elles rechargeront & feront *feu* pour protéger la retraite du reste du régiment.

Lorsque les dernières divisions du troisième escadron auront repassé le défilé, & qu'elles arriveront à hauteur du régiment, elles se remettront *face en tête* par un *demi-tour à droite*.

Si l'on ne doit pas rester en vue après avoir repassé le défilé, on continuera de marcher en colonne, & alors on repassera simplement le défilé par l'une des ailes.

DU RALLIEMENT.

Lorsqu'on voudra exercer un régiment à se rallier & à se reformer promptement toutes les fois que les circonstances peuvent l'exiger à la guerre, on l'enverra à la paille, en observant de n'exécuter jamais cette manœuvre immédiatement après que le régiment aura marché à la charge.

Pour exécuter cette manœuvre, on fera battre la *berloque*, & à ce signal tout le régiment se dispersera.

Quand on voudra ensuite rallier le régiment, on ordonnera aux Tambours d'*appeler* & alors les Officiers & Dragons se rallieront promptement aux guidons que l'on aura placés suivant le côté où on voudra faire face, les Porte-guidons ayant attention de s'aligner & de prendre la distance qu'ils doivent avoir dans les escadrons, & les Dragons reprendront, le plus diligemment qu'il sera possible, leur file & leur rang, porteront les armes, & observeront le silence.

Telles

Telles font les évolutions auxquelles veut Sa Majesté que fes régimens de Dragons foient exercés, mais Elle défend en même temps de s'en occuper au préjudice des manœuvres à cheval, dont l'objet eft bien plus effentiel.

DES JOURS D'EXERCICE.

L'ÉCOLE d'équitation de chaque régiment étant divifée en plufieurs claffes, les premières claffes de cette école feront exercées trois fois par femaine, & la dernière le fera tous les jours.

Lorfque les premières claffes feront arrivées au point de perfection néceffaire pour bien manœuvrer, elles ne feront plus fujettes alors qu'aux Exercices généraux de la compagnie, de l'efcadron ou du régiment.

Lorfqu'enfin tous les Officiers, bas Officiers & Dragons feront affez inftruits de tout ce qui concerne les Exercices, & qu'ils feront parvenus au degré de perfection néceffaire pour entrer dans l'efcadron; alors chaque régiment fera exercé en totalité deux fois par femaine pendant les mois de Juin, Juillet, Août & Septembre; & une fois par femaine pendant les mois de Mai & d'Octobre, le refte de l'année, on recommencera les exercices d'équitation en dé ail dans les Manèges couverts, les Dragons des premieres claffes y feront exercés une fois par femaine, & ceux de la dernière, deux fois.

Pendant l'hiver, les Dragons feront encore exercés à l'efpadon, tant à pied que fur le cheval de bois, deux fois par femaine jufqu'à ce que le Commandant les jugera affez inftruits.

Outre les exercices preferits ci-deffus, chaque régiment fera encore exercé à pied, foit en totalité par efcadron ou compagnie, une fois par femaine depuis le premier Juin jufqu'au dernier Septembre.

Les Commandans des corps fe conformeront exacte-ment à ce qui eft réglé ci deffus pour les Exercices, & ne pourront, fous aucun prétexte, en exiger davantage ni tenir leur régiment plus de trois heures à cheval, ou plus de deux heures à pied, y compris le moment du départ & celui du retour.

Lorfque le temps ne permettra pas de manœuvrer le nombre de fois prefcrit ci-deffus par femaine, on y fupléera en faifant travailler dans les Manèges couverts les Dragons & les chevaux qui en auront le plus befoin; obfervant de laiffer un jour d'intervalle entre chaque jour d'exercice général ou particulier.

Le Tambour du régiment, qui fera le plus en état d'inftruire les autres, fera chargé par le Commandant du régiment de les exercer deux fois par femaine pendant l'hiver; & pendant l'été, ils ne s'exerceront que les jours que le régiment montera à cheval, ou prendra les armes à pied, un Porte-guidon fera chargé de veiller à cette école.

Lorfqu'un régiment fera divifé & en quartier, les Tambours refteront à leur efcadron pour les exercices de leur compagnie depuis le premier Mai jufqu'au premier Octobre, & fe raffembleront à l'État-major fi le Commandant le juge à propos, pour s'exercer pendant le refte de l'année.

RENVOI D'UN RÉGIMENT
APRÈS LES MANŒUVRES OU LES ÉVOLUTIONS.

LORSQU'APRÈS la fin des manœuvres à cheval, ou des évolutions à pied, le Commandant jugera à propos de renvoyer le régiment, il avertira les Officiers de reprendre leurs places de parade; cet avertiffement fera fuivi d'un roulement, après lequel les Officiers fe placeront à la tête de leurs compagnie & divifion, le Commandant ramènera enfuite le régiment à fon quartier d'affemblée dans le même ordre qu'il en fera parti pour fe rendre fur le terrain des exercices, excepté que le régiment n'aura pas le fabre à la main s'il eft à cheval, ou s'il eft à pied il portera l'arme au bras, les

Tambours ne battront que lorfque le régiment fera prêt d'arriver audit quartier d'affemblée, auquel fignal le régiment mettra le fabre à la main, ou portera les armes s'il eft à pied.

Dès que le régiment fera formé fur le terrain de fon quartier d'affemblée, le Commandant ordonnera aux Porte-guidons & aux Tambours de fe raffembler à la tête de la même divifion qui les aura amenés, & on reconduira les Guidons à leur logement dans le même ordre qu'ils en feront partis.

Au départ des guidons, & après qu'ils feront éloignés à une certaine diftance, le Commandant fera les comman-demens néceffaires pour remettre le fabre, & donnera fes ordres pour que chaque Capitaine reméne fa compagnie à fon quartier d'affemblée particulier, où il la formera, le dos tourné au quartier ou aux écuries; après quoi il fera les commandemens prefcrits ci-devant pour mettre pied à terre; mais au lieu de faire le quatrième commandement, *pour reprendre les rangs*, il commandera *face en tête*; à ce commandement, les Dragons feront *demi-tour à droite* en fe portant à la droite de leurs chevaux, ce qui étant exécuté, il commandera *demi - tour à droite par file*; alors les quatre rangs feront *demi - tour à droite par cheval*, & les Dragons du dernier rang devenu le premier, rentreront au quartier & aux écuries, le fecond, le troifième & le quatrième rang le fuivront fucceffivement; mais fi les Dragons font à pied, le Capitaine leur commandera, *demi-tour à droite* & *haut les armes*, ce mouvement s'exécutera comme il eft prefcrit au maniement des armes avant d'armer le fufil, & on commandera enfuite, *marche*; alors tous les Dragons parti-ront du pied gauche, & après avoir marché deux pas ali-gnés, ils s'en retourneront chacun chez eux.

Si au lieu de faire les commandemens prefcrits ci-deffus, le Commandant juge à propos de faire rentrer les chevaux aux écuries à mefure qu'ils arriveront dans le quartier, il donnera fes ordres en conféquence.

L'intention de Sa Majesté est que tous ses régimens de Dragons, se conforment, avec la plus grande exactitude, à tout ce qui est prescrit par la présente Instruction; défendant aux Officiers généraux, aux Commandans des places & aux Commandans des corps, de souffrir qu'il y soit rien changé, augmenté ni retranché en quelque manière & sous quelque prétexte que ce soit, & aux Officiers qui commanderont les Exercices, de faire exécuter d'autres temps ni commandemens que ceux qui y sont prescrits.

Sa Majesté chargeant particulièrement les Majors des régimens, sous peine d'être cassés, de rendre compte de ceux des Officiers supérieurs qui, sous prétexte de *mieux*, contreviendroient à ses intentions.

FAIT à Versailles le premier mai mil sept cent soixante-sept. *Signé* LOUIS. *Et plus bas*, LE DUC DE CHOISEUL.

COMMANDEMENS POUR LE MANIEMENT
DES ARMES À CHEVAL.

temps.

1.er *Ajustez vos rênes.* . . . . 2.
2. *Dégagez vos armes.* . . . . 1.
3. *Haut les armes.* . . . . 1.
4. *Apprêtez vos armes.* . . . . 1.
5. *En joue.* . . . . 1.
6. *Feu.* . . . . 1.
7. *Chien en son repos.* . . . . 1.
8. *La cartouche.* . . . . 3.
9. *Fermez le baffinet.* . . . . 1.
10. *Armes à gauche.* . . . . 2.
11. *Bourrez.* . . . . 6.
12. *Haut les armes.* . . . . 2.
13. *Armes à la grenadière.* . . . . 2.
14. *Pistolet à la main.* . . . . 1.
15. *Apprêtez le pistolet.* . . . . 2.
16. *En joue.* . . . . 1.
17. *Feu.* . . . . 2.
18. *Dégagez le sabre.* . . . . 1.
19. *Sabre à la main.* . . . . 1.
20. *Haut le sabre.* . . . . 1.
21. *Portez le sabre.* . . . . 1.
22. *Remettez le sabre.* . . . . 2.
23. *Haut les armes.* . . . . 2.
24. *L'arme en son lieu.* . . . . 1.
25. *Ajustez vos rênes.* . . . . 2.

MANIEMENT DES ARMES À PIED.

COMMANDEMENS POUR LE PETIT MANIEMENT DES ARMES.

		temps.
1.er	*LA platine sous le bras gauche.*	3.
2.	*Portez vos armes.*	3.
3.	*L'arme au bras.*	3.
4.	*Portez vos armes*	3.
5.	*Présentez vos armes.*	2.
6.	*Portez vos armes.*	2.
7.	*La crosse à terre.*	2.
8.	*Les armes à terre.*	4.
9.	*Reprenez vos armes.*	4.
10.	*Portez vos armes.*	2.

COMMANDEMENS POUR LE MANIEMENT DES ARMES.

		temps.
1.er	*BAïONNETTE au canon.*	7.
2.	*Portez vos armes.*	3.
3.	*Apprêtez vos armes.*	1.
4.	*En joue.*	1.
5.	*Feu.*	1.
6.	*Chien en son repos.*	1.
7.	*La Cartouche.*	3.
8.	*Fermez le bassinet.*	1.
9.	*Armes à gauche.*	2.
10.	*Bourrez.*	6.
11.	*Portez vos armes.*	3.
12.	*Baïonnette en avant.*	2.
13.	*Portez vos armes.*	2.
14.	*Baïonnette en son lieu.*	7.
15.	*Portez vos armes.*	3.

INSTRUCTION

Que LE ROI a fait dresser, pour régler les principes d'Équitation nécessaires à observer par ses régimens de Dragons.

Il y aura, pour chaque régiment, deux chevaux de bois, ou plus s'il en est besoin, pour donner les premiers principes aux commençans, & on ne les fera monter à cheval que lorsqu'ils seront bien confirmés dans ces premières leçons.

DE L'ÉQUIPEMENT DU CHEVAL.

Comment il faut seller un cheval.

Il faut relever les sangles & la croupière sur le siége, prendre la selle de la main gauche à l'arcade de l'arçon de devant, & de la main droite au trousse-quin ; on la pose doucement sur le corps du cheval sans le surprendre & après avoir passé la croupière, on élève la selle pour la porter, en avant, & on sangle le cheval par degré, de manière que la sangle de derrière soit moins serrée que celle de devant.

Comment il faut que la selle soit placée.

Il faut, pour que la selle ne soit ni trop en avant, ni trop en arrière, que le devant du quartier tombe d'à-plomb sur le coude du cheval.

Attentions qu'il faut avoir pour que la selle ne blesse point le cheval.

Il faut qu'on puisse passer aisément trois doigts entre l'arcade de la selle & le garrot.

Que la croupière soit aisée & non tendue, ce qui inquiéteroit le cheval & pourroit le faire ruer ; qu'il n'y ait point de crins entre le culeron & la queue du cheval.

Qu'il n'y ait aucun contre-sanglon ni porte-étriers, entre la selle & le corps du cheval.

Que le poitrail soit au-dessus du mouvement de l'épaule, & qu'il ne soit pas trop serré.

Que le cheval ne soit ni trop ni trop peu sanglé, & que les boucles des étrivières soient cachées par les quartiers de la selle.

Comment il faut brider un cheval.

IL faut prendre avec la main droite tous les crins du toupet, en plaçant le coude droit sur l'encolure du cheval; on élève ensuite la têtière que l'on tient de la main gauche, pour la saisir par le milieu du dessus de tête avec le pouce & le premier doigt de la main droite, sans abandonner le toupet, laissant pendre le mors au-dessous de la bouche du cheval : la main gauche ayant quitté la têtière, va guider le mors, en le soutenant sous l'angle du canon avec le pouce, plaçant en même temps les autres doigts par-derrière la branche droite, dans la bouche du cheval au-dessus des crochets pour la lui faire ouvrir; alors la main droite élevant la têtière, fait entrer le mors qui est guidé par le pouce gauche : la main gauche empoignant ensuite le toupet entre le dessus de tête & le frontal de la bride, donne la liberté à la main droite d'y passer les oreilles, commençant toujours par celle du hors-montoir, & dégageant bien tous les crins du toupet; on passe auparavant le bridon au cheval, comme il vient d'être prescrit pour la bride.

On boucle ensuite la muserolle, puis la sous-gorge, & l'on met la gourmette en la prenant par le dernier maillon avec le pouce & le second doigt de la main droite, présentant le plus gros côté en dedans; on l'accroche en poussant avec le premier doigt le second maillon dans le crochet, que l'on contient de la main gauche par-derrière l'œil du mors avec les deux premiers doigts; on soutient pendant ce temps les rênes sur le bras gauche, ou on les paſſe auparavant ſur le cou du cheval, pour agir plus librement.

Dans une alerte, on mettra la gourmette avant la muſe-rolle & la ſous-gorge, pouvant ſe paſſer de ces deux dernières pièces pour conduire ſon cheval.

Attentions qu'il faut avoir pour que le mors ſoit bien placé & le cheval bien bridé.

IL faut que le mors porte au-deſſus des crochets ſans les toucher ; plus il eſt bas, plus le cheval y eſt ſenſible ; le point le plus convenable, eſt à un travers de doigt environ au-deſſus des crochets d'en haut, mais pas plus élevés, parce qu'il feroit froncer les lèvres.

Que la gourmette ſoit ſur ſon plat, & qu'elle ſoit placée entre la bride & le bridon, afin que ce dernier puiſſe agir ſans la faire remuer ; il eſt eſſentiel que ſe crochet & l'S ſoient de la même longueur, afin que le milieu de la gourmette, qui eſt l'endroit le plus fort, porte ſur le milieu de la barbe du cheval, & que l'appui de la gourmette ne ſe faſſe pas ſentir plus d'un côté que de l'autre ; il faut de plus que la muſerolle ſoit ſerrée ſans qu'elle gène trop le cheval ; que la ſous-gorge ſoit aiſée, & que le frontal du bridon ou du licol ſoit entièrement caché par celui de la bride.

Attentions qu'il faut avoir pour mettre un caveſſon à un cheval.

IL faut que le caveſſon ſoit placé aſſez haut pour ne point géner la reſpiration, & que la muſerolle paſſe ſous les montans du gros bridon (ou entre le montant de la bride & du bridon, ſi le cheval eſt bridé) & la fauſſe ſous-gorge par-deſſus les deux.

Que l'un & l'autre ſoient bien ſerrés pour que le caveſſon ne puiſſe pas tourner, ce qui feroit porter la jouelière de dehors ſur l'œil du cheval, la ſous-gorge doit être aiſée.

PREMIERS ÉLÉMENS D'ÉQUITATION,
ou LEÇON DU CHEVAL DE BOIS.

Comment on doit monter à cheval.

Il faut s'approcher de l'épaule du cheval, prendre le bout des rênes de la main droite, pour les élever & les saisir de la main gauche au point qu'elles ne fassent pas reculer le cheval, prenant en même temps une poignée de crins; on jette ensuite de la main droite le bout des rênes sur le cou du cheval, pour prendre l'étrier gauche, après quoi on met le pied gauche à l'étrier, du côté de la boucle de l'étrivière, & on porte la main droite sur le trousse-quin, pour s'élever sur le pied gauche, le genou d'à-plomb, en s'élançant de la pointe du pied droit, sans tirer la selle à soi : après être resté un temps le corps bien droit sur l'étrier, on passe la jambe droite bien tendue par-dessus la croupe sans la toucher, & dans le même moment la main droite se porte sur l'arçon de devant, le pouce en dehors & les autres doigts en dedans, pour soutenir le corps & arriver légèrement en selle.

Dans les premières leçons qu'on donnera aux Dragons sur le cheval de bois, on leur expliquera la posture qu'ils doivent garder à cheval, en se conformant à ce qui suit.

De la manière dont il faut être placé à cheval.

Il faut que les deux fesses portent également sur la selle:

Que l'assiette soit le plus près du pommeau qu'il est possible:

Que les reins soient droits & bien soutenus :

Que le haut du corps soit aisé, libre & droit sur les hanches, & qu'il contienne l'assiette par son propre poids & son équilibre:

Que les épaules soient libres, tombantes, ouvertes par-devant & plattes par-derrière:

Que les bras soient libres, les coudes tombans d'à-plomb sur les hanches sans être ouverts ni serrés :

Que la main de la bride foit écartée d'environ trois doigts du corps, & élevée au-deffus du pommeau de la felle d'environ deux doigts :

Que le petit doigt foit entre les deux rênes ; les doigts fermés, & que le pouce foit auffi fermé pour les contenir égales :

Que le poignet foit bien foutenu & un peu plus élevé à la naiffance du pouce que l'avant - bras ; que les doigts foient en face du corps, que le petit doigt foit plus près du ventre que le haut du poignet :

Que la main droite tombe naturellement fur le côté lorfqu'elle n'eft point occupée ; mais lorfqu'elle tient un fabre ou une gaule, il faut qu'elle foit prefque à même hauteur que la main gauche, & à même diftance du corps ; obfervant qu'il y ait affez d'intervalle entr'elles pour que l'une n'empêche pas l'effet de l'autre :

Que la tête foit droite & libre :

Que les cuiffes, depuis les hanches jufqu'aux genoux, tombent d'à-plomb le plus qu'il eft poffible ; qu'elles foient tournées en dedans & bien collées fur la felle fans roideur :

Que le pli des genoux foit liant, pour bien opérer des jambes :

Que les jambes foient libres & tombantes fous les genoux :

Que les pieds foient parallèles au corps du cheval, c'eft-à-dire, tournés comme les genoux, fans eftropier les chevilles des pieds :

Que les pointes des pieds, lorfqu'on eft fans étriers, tombent naturellement.

Lorfqu'on fe fert des étriers, il faut pour qu'ils foient au point convenable, qu'ils foutiennent le poids des pieds, de manière que le talon foit un peu plus bas que la pointe du pied ; obfervant de placer la racine du pouce fur le milieu de la grille ; excepté, lorfqu'on manœuvre en efcadron qu'il faut avoir les étriers chauffés, c'eft-à-dire, que la grille de l'étrier touche le talon de la botte.

Après avoir établi la pofture du Dragon, on lui fera les

commandemens suivans pour lui apprendre à mener son cheval; & on aura attention qu'il ne déplace aucune partie de son corps pour agir de celles qui lui seront indiquées.

Leçon pour mener son cheval avec la bride.

COMMANDEMENS.

1. *Ajustez vos rênes.*

On les saisira avec le pouce & le premier doigt de la main droite, au-dessus de la main gauche, & on les élèvera perpendiculairement entre les deux yeux, coulant la main jusqu'au bouton, les deux derniers doigts ouverts, les ongles en avant & le coude plus bas d'un demi-pied que la main droite; on ouvrira en même temps un peu les doigts de la main gauche, le pouce élevé pour laisser couler les rênes & les égaliser, après quoi la main droite les abattant se remettra à sa position.

Le Dragon ayant le corps & la main bien placés, on lui expliquera que dans tous les mouvemens de la main, soit qu'elle se porte en avant, qu'elle se hausse, qu'elle se baisse, qu'elle se porte à *droite* ou qu'elle se porte à *gauche,* qu'il faut que tout le bras suive son mouvement, & sans jamais que l'épaule agisse, ce qui déplaceroit le corps & occasionneroit de la roideur.

On observera de faire déranger quelquefois l'assiette au Dragon sur le cheval de bois pour lui apprendre à la retrouver lorsqu'elle est dérangée par l'action de son cheval, en se conformant à ce qui est prescrit par le commandement suivant.

2. *Jetez votre assiette à droite.*

On jettera son assiette à *droite* d'un coup de hanche seulement, sans se pancher ni sans déranger le haut du corps.

3. *Jetez votre assiette à gauche.*

Ce sera le contraire pour jeter l'assiette à *gauche.*

4. *Redressez votre assiette.*

On se remettra droit en selle d'un coup de hanche.

5. *Avancez le côté droit (ou gauche).*

On avancera le côté désigné, le corps tournant sur le pivot des reins.

6. Prenez

6. *Prenez garde à vous.*

A cet avertissement, on approchera un peu les deux jambes, en assurant la main pour rassembler son cheval & le disposer à marcher.

7. *Marche.*

On fermera les deux jambes selon le besoin, ayant la main suffisamment légère pour donner la liberté au cheval d'avancer.

8. *Rassemblez votre cheval.*

On fermera les deux jambes en formant un *demi-arrêt ;* & dès que le cheval se soutiendra & sera d'à-plomb, on replacera la main & les jambes.

On aura attention que la main & les jambes soient bien d'accord ensemble, relativement à ce qu'on voudra demander à son cheval, c'est-à-dire, qu'il faut que l'aide des jambes précède celui de la main lorsqu'on veut déterminer son cheval en avant, le rassembler & lui donner de l'action, & qu'au contraire il faut que l'aide de la main précède celui des jambes lorsqu'on veut diminuer l'action d'un cheval ou le déterminer *à droite* ou *à gauche.*

On aura aussi attention toutes les fois qu'on se servira des jambes, de les approcher du corps du cheval par degrés, c'est-à-dire doucement & sans à-coup, & de les relâcher de même sans que les genoux se dérangent ni quittent les quartiers de la selle ; il faut pour cela avoir le pli des genoux bien liant.

9. *La main légère.*

On baissera le poignet environ un ou deux pouces plus ou moins, suivant le besoin, observant que l'avant-bras suive le mouvement du poignet pour qu'il soit toujours soutenu ; on le replacera ensuite à sa position.

10. *Formez un demi-arrêt.*

On élèvera la main par degrés & près du corps sans le toucher jusqu'à ce que le cheval suspende son allure ; on se servira ensuite de l'aide des jambes pour mettre son cheval d'à-plomb s'il est nécessaire.

11. *Tournez votre cheval à droite.*

On portera la main à environ un demi - pied en avant de fa pofition, en la foutenant à droite & fentant les deux rênes égales; dès que l'épaule fera déterminée, on fermera la jambe droite, ayant la main légère.

12. *Tournez votre cheval à gauche.*

On foutiendra de même la main en avant & à gauche, le coude détaché du corps, & on fermera la jambe gauche.

13. *Appuyez à droite.*

On foutiendra la main en avant & à droite, portant en même temps le poids du corps à droite; les épaules du cheval étant déterminées, on fermera la jambe gauche pour faire fuivre les hanches, les contenant de la jambe droite felon le befoin.

14. *Appuyez à gauche.*

On fe conformera aux mêmes principes en exécutant les mouvemens contraires.

15. *Prenez le bridon de la main droite.*

On prendra par-deffus les rênes de la bride le bridon par le milieu, les ongles en deffous, pour tenir le cheval au même degré qu'on le tiendra de la bride, & on aura auffitôt la main gauche légère.

On pourra fe fervir de temps en temps de la bride & du bridon alternativement pour ralentir fon cheval ou lui rafraîchir les barres, mais jamais des deux à la fois.

16. *Lâchez le bridon.*

On affurera la main de la bride en raffemblant fon cheval, & on abandonnera le bridon fur le cou du cheval.

17. *Pincez des deux.*

Lorsqu'un cheval n'obéira pas aux jambes, on ap-puiera vigoureufement les deux talons derrière les fangles & fans à-coup, le corps & la main affurés, & un temps après on relâchera les jambes.

18. *Rendez la main.*

On prendra à un demi-pied de la main gauche les rênes à pleine main de la main droite, le pouce en deffus, on la portera au-dessus de la gauche, le poignet bien soutenu & près du corps, les ongles faisant face au corps ; dans cette situation on formera un *demi-arrêt* en élevant la main droite & ouvrant un peu les doigts de la main gauche, le pouce élevé, la jambe de dedans ou les deux jambes près ; lorsque le cheval se soutiendra, on baissera la main droite jusque vers le pommeau de la selle plus ou moins, en relâchant les jambes, passant la main droite entre le corps & la main gauche, qui restera à portée de reprendre les rênes ; on ramènera ensuite les rênes dans la main gauche en élevant la main droite près du corps, & dans l'instant qu'on commencera à sentir la bouche du cheval, on approchera la jambe de dedans ou les deux jambes pour le rassembler, après quoi la main droite abandonnera les rênes.

19. *Raccourcissez (ou alongez vos rênes).*

On les prendra de la main droite, comme il vient d'être prescrit pour rendre la main, & ouvrant les doigts de la main gauche, on les raccourcira ou on les alongera selon le besoin.

20. *Halte.*

On mettra un peu le haut du corps en arrière sans sortir de l'à - plomb, en soutenant les reins en avant, & on élèvera en même temps la main par degrés & près du corps sans le toucher, la jambe de dedans ou les deux jambes près.

Dès que le cheval se sera arrêté, on relâchera les jambes & la main pour qu'il ne recule pas.

21. *En arrière, marche.*

Mêmes principes que pour arrêter, observant d'avoir la main légère toutes les fois que le cheval obéira à l'effet de la main.

Si le cheval laissoit tomber ses hanches à droite, on fermeroit davantage la jambe droite, sans porter la main trop de ce côté, parce qu'il faut, autant qu'il est possible, contenir les épaules sur la ligne où l'on a commencé à reculer.

Pour arrêter un cheval en reculant, il faut fermer les deux jambes, la main légère, & dès que le cheval s'arrête, on relâche les jambes.

22. *Prenez la bride dans la main droite.*

O n prendra la bride de la main droite, comme il eſt preſcrit pour rendre la main, & on aura le poignet bien ſoutenu près du corps & vis-à-vis la poitrine, les doigts également éloignés du corps, alors la main gauche tombera ſur le côté, ne devant tenir la bride que de l'une ou de l'autre main, & jamais des deux à la fois.

On mènera ſon cheval de la main droite dans les inſtructions particulières & lorſqu'on marchera à main gauche dans le manège, en ſuivant les mêmes principes qui ſont indiqués pour la main gauche; mais lorſqu'on ſera dans les rangs & pendant les manœuvres, on tiendra la bride de la main gauche.

Lorſqu'ayant la bride dans la main droite, on voudra ajuſter ſes rênes, on les prendra de la main gauche & on les ajuſtera comme il eſt preſcrit au premier commandement, & on les replacera enſuite dans la main droite.

Leçon pour mener ſon cheval en bridon d'écurie.

1. *Séparez vos rênes.*

O n prendra une rêne dans chaque main, les ongles preſque en deſſous, le pouce alongé ſur chaque rêne, les poignets ſéparés l'un de l'autre d'environ un demi-pied, & à hauteur des coudes, qui doivent tomber naturellement ſur les hanches.

2. *Prenez garde à vous.*

A cet avertiſſement, on approchera un peu les deux jambes, en aſſurant les poignets pour raſſembler ſon cheval & le diſpoſer à marcher.

3. *Marche.*

O n fermera les jambes ſelon le beſoin, en molliſſant ſuffiſamment les poignets pour donner la liberté au cheval d'avancer (ce qui s'appellera la *main légère*).

4. *Tournez votre cheval à droite.*

O n écartera la rêne droite en la tirant à côté de ſoi, les ongles en deſſous, la main gauche ſuffiſamment légère;

l'épaule

l'épaule étant décidée, on fermera la jambe droite la main légère pour déterminer le cheval.

On pourra tourner son cheval des deux rênes dans les allures vives, en élevant les poignets & les soutenant un peu à droite.

5. *Tournez votre cheval à gauche.*

On se conformera aux mêmes principes en exécutant les mouvemens contraires.

6. *Croisez vos rênes dans la main gauche.*

On passera la rêne droite dans la main gauche pour la placer sous la rêne gauche, de façon que l'extrémité supérieure sorte du poignet gauche du côté du petit doigt, & on aura alors la main droite libre.

7. *Séparez vos rênes.*

Comme il est prescrit au premier commandement.

8. *Halte.*

On mettra un peu le haut du corps en arrière sans sortir de l'à-plomb, en soutenant les reins en avant; on tirera les rênes à côté de soi en portant les coudes en arrière & élevant un peu les poignets, la jambe de dedans ou les deux jambes près.

Dès que le cheval se sera arrêté, on relâchera les jambes & la main pour qu'il ne recule pas.

Si le cheval n'obéissoit pas, on emploieroit les moyens suivans :

9. *Sciez du bridon.*

On tirera alternativement chaque rêne du bridon plus ou moins fort, suivant la sensibilité du cheval.

10. *Pied à terre.*

On prendra de la main droite par-dessous les rênes une poignée de crins que l'on saisira de la main gauche; on portera ensuite la main droite sur l'arçon de devant, le pouce en dehors, les autres doigts en dedans; après quoi on s'élèvera sur l'étrier gauche, passant la jambe droite, bien tendue, par-dessus la croupe sans la toucher, & dans le même moment la main droite se portera sur le trousse-quin pour soutenir le corps qui restera un temps d'à-plomb sur l'étrier gauche ; on descendra ensuite légèrement sans tirer la selle à soi, arrivant à terre sur la pointe du pied droit.

Il est essentiel de mettre les Dragons bien au fait des termes dont on se sert dans la leçon du cheval de bois, afin que leur attention ne soit pas trop partagée lorsqu'ils seront exercés sur leurs chevaux.

Lorsque les Dragons concevront & exécuteront bien les mouvemens prescrits ci-dessus, & qu'ils seront suffisamment instruits de tout ce qui concerne la leçon du cheval de bois, alors on les fera monter à cheval pour les exercer dans les manéges.

DE LA MANIÈRE dont il faut mener son cheval en main, pour se rendre sur le lieu destiné à monter à cheval.

LORSQU'IL aura été ordonné aux Dragons de se rendre aux manéges à pied, ils méneront leurs chevaux par le gros bridon ou par la bride, qu'ils tiendront de la main droite, les ongles en dessus, au-dessous & à six pouces environ des branches du mors, soutenant le bout des rênes de la main gauche, les ongles tournés en dessous ; & lorsqu'ils y seront arrivés, ils se rangeront sur un ou plusieurs rangs : si les chevaux sont bridés, ils mettront la gourmette & se placeront ensuite en avant, tournant le dos à leurs chevaux, ayant le bras gauche passé entre les deux rênes & les tenant à pleine main de la main gauche, à un pied environ de l'extrémité, le poignet à hauteur du creux de l'estomac.

On observera de faire mener les chevaux en main alternativement un jour de la main droite, & un autre jour de la main gauche.

Les Dragons s'étant rendus au manège, l'Officier chargé de donner leçon les fera monter à cheval, & distribuera alors son travail comme il le jugera à propos ; il exercera ou fera exercer les commençans sans étriers pour qu'ils prennent bien le fond de la selle, & leurs chevaux seront en bridon d'écurie avec un petit bridon.

On se conformera dans les leçons qu'on donnera aux Dragons, aux mêmes principes qui sont établis ci-devant, sans y rien changer.

Lorsqu'on commencera à faire monter les Dragons à cheval, on les fera marcher au pas, à la longe d'abord carrément, tenant la longe fort courte pour les conduire & les faire tourner à chaque coin ; on leur fera ensuite achever la reprise, en les faisant marcher circulairement au pas & au trot, les arrêtant souvent & les faisant reculer quelquefois pour qu'ils acquèrent en peu de temps l'intelligence de conduire leurs chevaux.

On aura attention que les Dragons s'accoutument à se servir de leurs mains & de leurs jambes, sans que le corps se dérange de son assiette ; si, par exemple, en portant la main à gauche on y portoit aussi le corps, ce seroit un faux mouvement, puisqu'il feroit perdre l'à-plomb : si, pour tourner un cheval à gauche, tenant la bride dans la main gauche on reculoit l'épaule gauche, ce seroit employer de la roideur, puisqu'il faut que le bras agisse librement ; si enfin en fermant une ou les deux jambes, les genoux remontoient ou se tournoient en dehors, ce seroit un faux mouvement, puisque les jambes doivent se fermer sans déplacer les genoux : il en est de même de tous les mouvemens des différentes parties du corps, il ne doit y avoir absolument que les parties nécessaires qui agissent pour conserver l'à-plomb, acquérir de l'aisance & parvenir à avoir de la grâce à cheval.

A mesure que les Dragons se fortifieront & travailleront avec plus d'intelligence, on les fera marcher en cercle, la demi-épaule ou l'épaule en dedans aux deux mains, & on leur apprendra à conduire leurs chevaux avec la bride.

POUR marcher en cercle, la demi-épaule ou l'épaule en dedans.

LE cheval marchant sur une ligne circulaire, il faut porter l'épaule en dedans, plus ou moins, & fermer la jambe de dedans; dès que le cheval y répondra, on aura auffitôt la main légère pour lui donner la facilité de cheminer; un ou deux pas après, on affurera la main en fermant la jambe de dedans: à mefure que le cheval prendra l'intelligence de ce qu'on lui demandera, on le preffera davantage & il ira de côté, l'épaule décrivant le cercle intérieur & les hanches celui de la circonférence, ayant toujours attention de diriger les épaules fur le cercle qu'elles devront parcourir, de les y entretenir & de les y reporter fi elles s'en écartoient.

Pour arrêter fon cheval dans ce mouvement, il faut de même foutenir un peu les reins en avant, & élever la main jufqu'au point où le cheval s'arrête, relâcher la jambe de dedans & avoir enfuite la main légère.

Après que les Dragons auront été exercés à la longe le temps néceffaire, & qu'on les jugera en état de marcher en liberté, on en fera marcher un certain nombre à la fois.

On obfervera quelquefois, en les faifant fortir du rang, de ne pas faire défiler ceux qui feront de fuite, pour accoutumer les chevaux à fortir feuls du rang.

Jufqu'à ce que les Dragons foient bien confirmés dans leur pofture, on ne leur fera exécuter d'autres manœuvres que de doubler, changer de main & contre - changer de main fur une pifte; on leur fera faire de plus des *à droite*, des *à gauche*, des *demi - tours à droite* & des *demi - tours à gauche*, & finir enfuite leurs chevaux au pas, marchant en cercle la demi-épaule ou l'épaule en dedans.

Lorfqu'on jugera qu'ils feront en état d'exécuter des manœuvres plus compofées, on les fera changer de main & contre - changer de main fur deux piftes, appuyer de droite & de gauche par des pas de côté, foit de pied-ferme ou en marchant, & marcher au galop en doublant & changeant de main.

CHANGEMENT

CHANGEMENT *de main sur deux pistes.*

SI c'est de droite à gauche, après avoir passé l'un des coins du manège & s'être reporté en avant d'environ deux longueurs de cheval, on portera l'épaule à droite en y portant le poids du corps; on fermera ensuite la jambe gauche pour chasser les hanches, les contenant de la jambe de dedans qui doit déterminer le cheval plus ou moins en avant; arrivé sur la ligne opposée à celle d'où l'on sera parti, on formera un *demi-arrêt* en fermant les deux jambes & relâchant ensuite la jambe de dehors, on aura la main légère pour donner la liberté au cheval de se porter en avant.

PAS *de côté sur une ligne à droite.*

MÊMES principes que ci-dessus, observant que la jambe de dedans contienne les hanches & empêche le cheval de reculer, & que la main dirige les épaules sur une ligne droite sans avancer ni reculer.

Pour arrêter son cheval dans ce mouvement, il faut soutenir un peu les reins en avant en élevant suffisamment la main, & relâcher les jambes, commençant par celle de dehors, & ensuite avoir la main légère.

Il ne faut commencer à donner la leçon des pas de côté, que lorsque le cheval obéit bien à la leçon de l'épaule en dedans, & on ne doit donner cette dernière, que quand le cheval obéit bien aux jambes & aux éperons, en avant & par le droit.

DU GALOP.

LORSQU'ON fera marcher les Dragons au galop, on les fera partir du pas au trot & du trot au galop, & on aura attention qu'ils ralentissent leurs chevaux en les rassemblant pour passer les coins.

Dans les changemens de main qui se feront au galop, on observera dans les commencemens de ralentir son cheval au trot en arrivant au mur opposé, pour le faire reprendre sur le pied de dedans; lorsqu'ensuite le cheval aura acquis de la foupleſſe, on le fera reprendre d'un feul temps en formant un demi-arrêt les deux jambes près & la main légère enſuite.

On aura auſſi attention, dans les commencemens, d'arrêter ſon cheval du galop au trot & du trot au pas, pour enſuite faire *halte.*

Il eſt eſſentiel ſur-tout de s'attacher à ce que les Dragons mettent leurs chevaux bien droits en marchant, c'eſt-à-dire, que les hanches ſoient vis-à-vis des épaules & ſur la même ligne; c'eſt l'attitude où ils ont le plus de force, où ils ſe raſſemblent le mieux, & où ils ſont le plus légers à la main.

On ne peut parvenir à mettre ſes chevaux bien droits que lorſqu'on a acquis une grande juſteſſe à cheval, c'eſt pourquoi dans les leçons qu'on donnera aux Dragons, il faudra avoir grande attention à leur faire redreſſer leur aſſiette pour peu qu'elle ne ſeroit pas juſte.

On diviſera, après quelque temps de travail, les Dragons en pluſieurs claſſes, afin d'exercer ces différentes claſſes relativement aux progrès des Dragons qui les compoſeront.

On exercera quelquefois les Dragons de la première claſſe, armés en guerre; & on leur fera faire de temps en temps une repriſe entière, ayant le ſabre à la main.

A meſure qu'ils ſe fortifieront & qu'on les jugera en état de manœuvrer par diviſion de douze, de ſeize ou de vingt-quatre hommes, ſelon la grandeur du terrain, on les fera marcher tous enſemble par deux, par quatre, leur faiſant exécuter des *à droite*, des *à gauche*, des *demi-tours à droite* & *demi-tours à gauche* par quatre, ſe former ſur deux rangs, exécuter des mouvemens de converſion par troupe, marcher en avant bien alignés, aller à la charge *le ſabre haut*, faire des *demi-tours à droite* par homme, &c.

On fera tirer ſouvent des coups de piſtolets dans les manèges, d'abord en détail & puis par rang ou par troupe, pour accoutumer les chevaux au feu, ſe conformant d'ailleurs à ce qui eſt preſcrit ci-devant à la ſeizième manœuvre.

Tout Dragon de la première claſſe qui, par négligence, mauvaiſe volonté ou inconſtance, ſe trouvera en défaut ſur quelque partie de l'exercice de cette claſſe, ou qui n'y fera aucun progrès, ſera remis à la ſeconde claſſe ou à la longe, juſqu'à ce que par ſon travail il mérite de rentrer dans la première; on en uſera de même à l'égard de la ſeconde claſſe.

Comme il eſt de toute néceſſité que les Dragons ſachent ſe ſervir de leurs armes avec adreſſe, & principalement du ſabre, qui eſt l'arme avec laquelle ils doivent combattre à cheval, il eſt indiſpenſable de leur apprendre à s'en ſervir avec avantage.

Pour cet effet, il ſera établi un Maître-d'armes & un Prevôt par eſcadron, qui ſeront choiſis dans le nombre des Dragons les plus propres & les plus intelligens pour cet exercice, leſquels, après s'être mis en état de donner leçon, exerceront les Dragons à l'eſpadon, d'abord à pied, & enſuite ſur le cheval de bois.

DE la courſe des têtes.

POUR contribuer encore avec plus de ſuccès, à perfectionner les Dragons dans les différens exercices, à conduire leurs chevaux, à ſe ſervir de leurs armes, à acquérir de l'expérience, & devenir déterminés & entreprenans, on exercera ceux de la première claſſe à la courſe des têtes de la manière ſuivante.

Les Dragons deſtinés à la courſe des têtes, s'étant rendus dans le manège ou autre lieu deſtiné à cet exercice, ſeront partagés en deux diviſions qui ſeront formées chacune ſur deux rangs & placées l'une à un bout du manège & l'autre à l'autre bout, ſe faiſant face; on obſervera de laiſſer la place néceſſaire derrière elles pour qu'un cheval puiſſe y paſſer aiſément.

On placera ſur des chandeliers de bois, d'environ cinq pieds & demi de haut, des têtes de toile rembourrées de foin & diſpoſées le long des grands murs du manège au nombre de quatre de chaque côté.

Lorsqu'on voudra commencer la courfe des têtes, le Dragon de la gauche du premier rang de chaque divifion fe placera dans le coin du manège à fa gauche, mettra le piftolet à la main, & l'apprêtera pour le tenir enfuite le bout élevé, la main à hauteur de l'épaule; au *commandement marche*, ils fe porteront en avant pour doubler chacun de leur côté entre la première & la feconde tête & revenir fur leurs pas; lorfqu'ils arriveront enfuite chacun à la hauteur de la feconde tête (qui fera écartée du mur de quatre grands pas) ils déploieront doucement le bras & tireront leur coup de piftolet fur cet objet, ils remettront le piftolet dans la fonte & mettront vivement le fabre à la main, continuant de marcher; lorfqu'ils arriveront chacun vers le milieu du bout du manège, ils doubleront par le milieu, faifant alors *haut le fabre*, pour marcher l'un vers l'autre & fe charger en croifant le *fabre* & faifant un *quart de tour*, après lequel ils fe porteront, chacun de leur côté, pour rejoindre le mur, portant le fabre à l'épaule & continueront de marcher le long du manège; lorfqu'ils auront paffé le fecond coin, ils feront *haut le fabre* pour fabrer du haut en bas la première tête qu'ils rencontreront; après quoi ils placeront le fabre vis-à-vis l'épaule, le tenant perpendiculaire, le poignet à hauteur de l'épaule, à fix pouces de diftance environ; en arrivant à hauteur de la troifième tête, ils donneront le coup de revers pour la fabrer horizontalement en déployant le bras de toute fa longueur, après quoi ils achèveront de déployer encore le bras en arrière pour enfuite l'élever doucement avec aifance & amener la pointe du fabre en avant, le bras alongé, le poignet tourné en tierce & à hauteur de l'épaule, ils dirigeront la pointe du fabre fur la dernière tête & à mefure qu'ils fe rapprocheront, ils ramèneront le coude en arrière en tournant peu à peu le poignet en quarte & de manière que le bras & l'avant bras forment une équerre, le coude à hauteur de l'épaule, ainfi que le poignet, & la pointe du fabre toujours dirigée fur l'objet; arrivant fur la tête, ils la pointeront fans à-coup & l'enlèveront en alongeant le bras haut de toute fa longueur, la

pointe

pointe de la lame & le poignet perpendiculaires à l'épaule droite, ils continueront de marcher ainſi juſqu'à ce qu'ils ſoient arrivés au coin de la diviſion oppoſée à celle dont ils feront partis, où ils feront *halte*, porteront le ſabre à l'épaule & ſe rangeront à la droite du premier rang ; après quoi ils rendront la tête qu'ils auront pointée & re-mettront le ſabre dans le fourreau.

Lorſqu'on voudra qu'ils retournent à la diviſion d'où ils feront partis, on les fera doubler au lieu de ſuivre le long de la ligne.

Dès que ces Dragons feront prêts de finir leurs courſes, ceux de la gauche du ſecond rang de chaque diviſion ſe placeront de même dans le coin, pour être prêts à partir au commandement, *marche*, & alternativement ceux du premier & du ſecond rang.

On exercera d'abord les Dragons ſur le cheval de bois, à tous les mouvemens & poſitions du piſtolet & du ſabre qui viennent d'être preſcrits pour la courſe des têtes, après quoi on leur fera exécuter cet exercice au pas & au trot juſqu'à ce qu'ils ſoient bien confirmés dans toutes ces différentes poſitions, & alors ils l'exécuteront au galop.

On aura attention que les Dragons ne mettent aucune eſpèce de balles dans leurs piſtolets, la bourre ſeule ſuffiſant pour abattre la tête à ſept ou huit pieds de diſtance & même plus.

On fera faire à chaque Dragon quatre ou cinq courſes plus ou moins, ſuivant qu'on le jugera à propos.

MOYENS *de dreſſer les chevaux.*

LA douceur & la patience ſont abſolument néceſſaires pour dreſſer les chevaux ; on ne doit exiger d'eux que ce que leurs forces leur permettent de faire, & on ne doit employer les châtimens que pour dernière reſſource.

C'eſt à l'écurie qu'on accoutume les chevaux à les ſeller & à les brider, en les y amenant inſenſiblement.

Un jeune cheval doit être débourré autour d'une longe avant d'être monté; il en devient plus libre, & par conséquent moins dans le cas de faire des sottises.

Il faut l'arrêter souvent en le faisant venir à soi, & le caresser.

Lorsqu'un cheval saute & veut galoper, étant à la longe, il faut la secouer horizontalement & légèrement, ou lui donner de petites saccades de caveçon pour le remettre au trot ou au pas.

Après qu'on l'aura arrêté & fait venir à soi, on le fera reculer quelques pas, en lui donnant quelques légères saccades de caveçon & quelques petits coups de gaule sur les jambes de devant; dès qu'il aura obéi quelques pas, on le caressera; il importe peu dans les commencemens qu'il recule droit ou non, pourvu qu'il comprenne ce qu'on lui demande; s'il n'obéissoit point au caveçon, on prendroit, sans le monter, les rênes du bridon, que l'on éleveroit pour le faire reculer, en continuant de se servir du caveçon & même de la gaule.

Il sera bon de seller les jeunes chevaux pour les accoutumer à la selle, & pour les monter & les descendre plusieurs fois de suite.

Si le cheval est en âge d'être monté, & qu'il ait quatre ans faits, on le fera monter par un Dragon de la première classe & à la longe, pour faire faire au cheval, étant monté, ce qu'il faisoit ne l'étant pas; & on lui fera connoître les aides insensiblement.

Quand le Dragon fera bien obéir son cheval à la longe, il lui fera faire les mêmes choses en liberté; mais si le cheval avoit de la disposition à se défendre & n'obéissoit point aux aides du Dragon ni à la chambrière de celui qui lui donneroit leçon, il faudroit remettre le cheval à la longe, & en user ainsi jusqu'à ce qu'il obéisse parfaitement en liberté.

ATTENTIONS *qu'il faut avoir pour les chevaux qui se défendent.*

LORSQU'UN cheval donne des coups de tête en avant, ce qui s'appelle *battre à la main*, il faut tenir la main assurée dans ce moment & les jambes près.

Lorsqu'un cheval fait *une pointe*, c'est-à-dire lorsqu'il s'élève du devant, il faut avoir la main légère; car si on se tenoit à la bride, on courroit risque de faire renverser le cheval sur soi.

Lorsqu'en fermant une jambe, le cheval se défend en donnant un coup de pied au talon (ce qui s'appelle *ruer à la botte*), il faut le pincer vigoureusement pour le châtier.

Lorsqu'un cheval rue, il faut mettre le haut du corps en arrière & soutenir la main en avant & ferme en approchant les jambes, & le pincer des deux s'il continue.

Lorsqu'un cheval hésite de se porter en avant, il faut le chasser des jambes, en le décidant de la main en avant; & s'il s'y refusoit, il faudroit le pincer vigoureusement : la plupart des chevaux qui se défendent, ne le font que parce qu'on se tient à la main, c'est pourquoi il faut leur donner beaucoup de liberté.

Il y a des chevaux qui se défendent par foiblesse; il ne faut exiger de ceux-là que ce que leurs forces leur permettent de faire.

Les chevaux qui se défendent par la peur que leur cause quelque objet, ne sont point dans le cas du châtiment; il ne faut point prétendre de les aguerrir en les brusquant, mais en leur donnant de la confiance; & pour y parvenir, il faut continuer de les porter en avant sans vouloir les approcher trop de l'objet qu'ils craignent.

Il faut qu'un jeune cheval soit bien souple au trot alongé avant de le mettre au galop.

Lorsqu'on commencera à mettre un jeune cheval au galop, on lui fera faire quelques tours, & on l'arrêtera ensuite du galop au trot & du trot au pas.

Pour préparer un cheval au pas de côté, il faut auparavant le mettre sur les cercles, la demi-épaule en dedans, & ensuite l'épaule en dedans pendant quelques jours; comme le cheval est obligé dans cette leçon de passer la jambe de dedans par-devant celle de dehors, ce mouvement lui donne de la liberté, l'assouplit & l'oblige à se soutenir, ce qui lui forme la bouche & la lui rend légère; lorsque le cheval commencera à s'assouplir, on lui fera faire quelques pas de côté fort doucement; si le cheval s'y refusoit, on le remettroit sur les cercles l'épaule en dedans jusqu'à ce qu'il devienne docile.

Lorsqu'on arrête un cheval, il faut y aller fort doucement dans les commencemens, de même que pour le reculer, afin de ne point lui fatiguer les jarrets ni les reins.

Il y a des chevaux qui ont l'arrêt sourd, & qui n'obéissent pas aux premiers effets de la main, ceux-là exigent plus de précaution & de patience.

Lorsqu'après avoir reculé un cheval, on voudra le porter tout de suite en avant, il ne faudra point trop le précipiter, mais le rassembler doucement pour lui donner la facilité de s'y porter: Toutes les fois qu'un cheval obéit à ce qu'on lui demande, il faut avoir la main légère, ou lui rendre la main, c'est la seule récompense qu'on puisse lui donner, comme aussi de le descendre quelquefois quand il a bien fait les choses qui lui coûtent le plus.

L'intention de Sa Majesté est que la présente Instruction soit exactement suivie, & Elle défend aux Commandans des corps & aux Officiers chargés de la partie de l'équitation, d'y faire aucun changement.

FAIT à Versailles le premier mai mil sept cent soixante-sept. *Signé* LOUIS. *Et plus bas*, LE DUC DE CHOISEUL.

TABLE

TABLE ALPHABÉTIQUE

DES TITRES ET ARTICLES

CONTENUS DANS CETTE INSTRUCTION.

A

B

	Pages.
Batteries de Tambours	13
Border la haie	80

C

Changemens de front	58
Changemens de front à pied	138
Changement de main sur deux pistes	165
Charge contre la Cavalerie	69
Charge contre l'Infanterie	70
Charge du fusil à volonté	123
Chevaux des Officiers	4
Colonne, ce que c'est	27
Colonne renversée, ce que c'est	28
Commandemens à faire par les Commandans des divisions pour les préparer à se former ou à se rompre	37
Commandemens à faire pour changer la direction d'une colonne	ibid.
Commandemens dont on se servira dans tous les feux	139
Commandemens pour charger les armes à cheval	17
Commandemens pour charger les armes à pied	107 / 123
Commandemens pour le maniement des armes à cheval	21
Commandemens pour le maniement des armes à pied	115
Composition & formation des troupes destinées à aller en détachement, ou à être portées en gardes ordinaires	86
Course des têtes	167

D

Dédoubler les divisions à cheval	67
Dédoubler les divisions à pied	134
Demi-tour à droite par file	77

O

P